© Verlag Zabert Sandmann
München
2. Auflage 2008
ISBN 978-3-89883-192-5

Redaktion	Edelgard Prinz-Korte, Alexandra Schlinz
Rezeptbearbeitung	Monika Reiter, Gerlinde Reiter
Grafische Gestaltung	Georg Feigl, Jürgen Endriß (Netzwerk GbR), Kuniko Taguchi
Rezeptfotos	Andrea Kramp und Bernd Gölling
Foodstyling	Petra Speckmann
Herstellung	Karin Mayer, Peter Karg-Cordes
Lithografie	Christine Rühmer
Druck & Bindung	Mohn media Mohndruck GmbH, Gütersloh

In Zusammenarbeit mit dem Bayerischen Fernsehen
mit Lizenz durch die BRW-Service GmbH

Besuchen Sie uns auch im Internet unter www.zsverlag.de

schuhbecks
neue Kochschule

KOCHEN LERNEN MIT ALFONS SCHUHBECK

ZABERT
SANDMANN

Inhalt

Vorwort

Kochen ist eine Kunst, die jeder lernen kann. Und da man ja bekanntlich im Leben nie genug wissen kann – und beim Kochen sowieso nicht –, möchte ich Ihnen noch mehr Geheimnisse aus meiner Küchenpraxis verraten.

In meiner neuen Kochschule zeige ich Ihnen, wie man im Handumdrehen zum guten Koch wird. Die Rezepte sind in Schritt-für-Schritt-Bildern anschaulich erklärt, sodass sie auf jeden Fall gelingen.

Mein Motto ist auch diesmal gleich geblieben: Das Wichtigste beim Kochen ist der Respekt vor den Zutaten. Das heißt für mich, dass man nicht nur auf die Qualität der Lebensmittel achtet, sondern sie vor allem auch sorgfältig verarbeitet. Und damit sind wir bei meiner zweiten wichtigen Kochregel: Weniger ist mehr. Das gilt zum Beispiel für die Temperatur, bei der ein Braten gegart wird. Lassen Sie dem Fleisch Zeit, dann wird es schön weich und saftig. Und auch Kräuter und Gewürze mögen keine große Hitze, dann verlieren sie ihren Biss und ihr Aroma. Deshalb: Immer erst zum Schluss würzen, dann entfalten sie ihre ganze Kraft. Und da mir Kräuter und Gewürze ja bekanntlich besonders am Herzen liegen, gibt es jetzt auch eine kurze Abhandlung darüber, was sie so alles können und wie sie am besten zur Geltung kommen.

Jetzt wünsche ich Ihnen viel Freude mit meiner neuen Kochschule. Aus meiner langjährigen Kocherfahrung weiß ich, was vielen geübten, aber auch weniger geübten Hobbyköchen an Fragen »auf den Nägeln brennt«. Ich hoffe, ich kann Ihren Wissenshunger stillen und einige Antworten geben! Viel Spaß beim Ausprobieren wünscht

Ihr Alfons Schuhbeck

KLEINE KOCHSCHULE

KOCHLÖFFEL & CO.

Nicht nur Profiköche sind auf gutes Handwerks-
zeug in der Küche angewiesen, auch Hobbyköchen
geht damit die Arbeit ganz leicht und schnell von
der Hand. Zugegeben, Küchenutensilien von guter
Qualität sind nicht ganz billig, aber Sie brauchen
sich ja nicht alles auf einmal anzuschaffen. Zwei
Pfannen – am besten beschichtete mit dickem
Boden – sowie zwei bis drei Töpfe – in unterschiedlichen Größen – gehören zur Grundausstattung
einer guten Küche. Was sich sonst noch als nützlich
erwiesen hat für den täglichen Gebrauch beim
Kochen, wird im Folgenden näher erläutert.

Nützliche Küchenhelfer

Der Klassiker, der in keiner Küche fehlen darf, ist der
Kochlöffel. Es gibt ihn aus Holz oder Plastik, mit
Loch zum Aufhängen oder ohne zum Ablegen in
Schubladen. Wenn Sie mehrere Kochlöffel besitzen,
ist das sicher nicht von Nachteil. Der Kochlöffel ist
nicht nur das ideale Werkzeug zum Rühren: Wenn
Sie einen Holzlöffelstiel in heißes Fett halten, das
dann am Stiel entlangperlt, wissen Sie, dass das
Fett zum Frittieren heiß genug ist.

Neben dem Kochlöffel ist auch ein **Spatel** oder
Spachtel von Nutzen. Er hat ein flaches Blatt aus
Holz oder Kunststoff und sollte besonders für das
Wenden und Rühren in beschichteten Pfannen von
z. B. Weißbrotbröseln benutzt werden.

Der **Teigschaber** ist ein wichtiges Utensil zur Her-
stellung von Süßspeisen, zum Unterheben von
Sahne oder Eiweiß unter die Grundmasse und zum
Umfüllen von Massen. Mit hitzebeständigen Teig-
schabern lassen sich Pürees gut verrühren oder
Saucen von Topf- oder Pfannenrand lösen.

Winkelpaletten gibt es mit unterschiedlich breiten
Klingen aus Edelstahl (auch mit geschlitzten Klingen) mit abgewinkeltem Griff. Sie sind gut geeignet zum Wenden von Fisch, Eiern oder Pfannkuchen,
zum Glattstreichen von Cremes und Teigen. Palet-
ten, deren flaches Blatt in den Stiel übergeht, werden auch Pfannenwender genannt.

Mit einem **Haarpinsel** lassen sich Auflaufformen
einfetten oder Teige mit Eigelb etc. bestreichen.

Schneebesen sind in unterschiedlichen Größen und
Formen erhältlich und dienen zum Verrühren von
Cremes und Saucen, zum Schlagen von Sahne und
zum Verquirlen von Eiern. Für feste Massen wie
Grieß verwendet man stabile Modelle, zum Auf-
schlagen von Sahne, Eiweiß und Sabayon eignen
sich Schneebesen mit vielen flexiblen Schlaufen.

In jeder Küche sollten eine oder zwei **Reiben** – fein
und grob – vorhanden sein: zum Reiben von Parmesan, Orangen- und Zitronenschalen oder Ingwer
sowie zum Würzen der Speisen mit frisch geriebe-
ner Muskatnuss oder Zimtrinde.

Zum Schöpfen von Suppen aus dem Topf in den
Teller benötigen Sie eine große **Suppenkelle**, für
Saucen eine kleinere Kelle oder einen Saucenlöffel.
Ein **Schaumlöffel** ist eine gelochte, nur leicht ge-
wölbte Kelle. Zum Herausheben von Knödeln, Fleisch
oder Fisch aus Flüssigkeiten und zum Abschöpfen
von Schaum auf Brühen ist er unersetzlich.

Ein **Sieblöffel** ist ähnlich geformt wie ein Schaumlöffel, hat aber eine grobmaschige Kelle oder ein Drahtsieb zum Herausheben von blanchiertem Gemüse oder frittierten Speisen.

Mit einer **Nudelzange** lassen sich gekochte Nudeln, Kartoffeln oder anderes Gemüse gut greifen und aus dem Topf herausheben.

Messer

Zu einer einfachen Grundausstattung für den täglichen Gebrauch gehören drei bis vier hochwertige Messer, die gut in der Hand liegen und eine solide, scharfe Klinge haben sollten. Zum Beispiel:

Küchenmesser oder **Kochmesser:** Zum Schneiden von Gemüse – in Scheiben, Streifen oder Würfel – und zum Schneiden von Kräutern werden diese großen Messer verwendet. Die Klinge ist breiter als der Griff, deshalb ist eine Schneidetechnik möglich, bei der das Messer nicht hochgehoben werden muss, sondern ähnlich wie bei einem Wiegemesser immer mit der vorderen spitzen Klinge auf dem Schneidebrett läuft und so eine fließende Schneidebewegung ermöglicht.

Sägemesser: Ein Messer mit Wellenschliff, das ideal ist zum Schneiden von Brot, aber auch für andere Krusten geeignet ist.

Gemüsemesser: Zum Putzen von Gemüse ist das kleine Messer ideal, es kann aber auch zum Pellen von gekochten Kartoffeln verwendet werden.

Zusätzlich können Sie sich natürlich noch ein mittelgroßes Messer mit einer schlanken, nicht flexiblen Klinge zulegen, mit dem man Fleisch tranchieren oder Fisch filetieren kann.

Schneideunterlagen

Am besten geeignet sind Schneidebretter aus Kunststoff oder Holz. Beide Materialien schonen die Messer, sodass sie lange scharf bleiben. Schneide-

unterlagen aus Glas, Marmor oder Edelstahl lassen Messer im Nu stumpf werden. Damit man mit großen Küchenmessern gut schneiden kann und alle Produkte beim Arbeiten auf dem Brett bleiben, sollten gute Allround-Schneidebretter eine Größe von etwa 30 x 50 cm haben. Um schnell und sicher schneiden und hacken zu können, müssen Schneidebretter gut auf der Arbeitsfläche aufliegen. Schneidebretter mit Haftfüßen sind dabei von Vorteil. Anderenfalls legt man eine rutschfeste Kunststoffmatte oder ein feuchtes Tuch darunter. Nach dem Reinigen zum Trocknen hochkant aufstellen.

Mixer

Zum Aufschäumen von Suppen oder Saucen benötigt man unbedingt einen **Stabmixer** oder Zauberstab. Dabei kann es sich um ein Einzelmodell handeln oder um ein aufschraubbares Zubehörteil für das **Handrührgerät**.

KRÄUTER

Kräuter sowie Gewürze bringen Abwechslung in die Küche und geben den Gerichten erst den richtigen Geschmackskick. Viele frische Kräuter wie Petersilie, Schnittlauch, Basilikum oder Kerbel sind sehr empfindlich und verlieren nach dem Kleinschneiden schnell an Aroma. Deshalb sollten sie, wenn sie zerkleinert sind, sofort verwendet werden.
Schnittlauch und Basilikum vertragen keine große Hitze und sollten nicht gekocht, sondern erst zum Schluss auf das Gericht gestreut werden. Schnittlauch eignet sich auch nicht zum Einfrieren. Petersilie kann frisch verwendet oder kurz blanchiert werden. Bohnenkraut, Thymian oder Rosmarin können Sie sowohl frisch als auch getrocknet verwenden. Getrocknete Kräuter etwa 10 Minuten vor dem Servieren zu den Gerichten geben, frische Kräuter erst unmittelbar vor dem Servieren.

Aufbewahrung

Frische Kräuter halten sich am besten, wenn sie im Bund kurz unter kaltem Wasser gewaschen, trocken geschüttelt und in feuchtes Küchenpapier gewickelt werden. In einem gut schließenden Behälter oder in Folie eingeschlagen, halten sich die Kräuter im Kühlschrank einige Tage.
Manche Kräuter wie Majoran, Oregano oder Bohnenkraut entfalten ihr volles Aroma erst beim Trocknen. Wenn sie gut verschlossen und nicht zu hell und warm gelagert werden, halten sie sich bis zu zwei Jahre.

Verwendung und Wirkung

Basilikum kommt aus dem Mittelmeerraum und ist die Grundsubstanz für das klassische Pesto, passt aber auch zu Salaten, Fisch oder Geflügel. Es hat einen pfeffrig-würzigen Geschmack. Da es ein empfindliches Kraut ist, sollte man die Blätter nicht schneiden, sondern nur zupfen. Neben ätherischen Ölen enthält Basilikum Gerbstoffe und wertvolle Flavonoide. Basilikum hilft bei Appetitlosigkeit, entschlackt und regt die Fettverdauung an.

Bohnenkraut ist Hauptbestandteil von »Kräutern der Provence«. Wie der Name schon sagt, passt es gut zu Bohnengerichten, Eintöpfen und Gemüse, zu Schmorgerichten mit Kaninchen, Geflügel, Schwein oder Lamm. Bohnenkraut kann frisch oder getrocknet verwendet werden. Getrocknet sollte es allerdings mitgekocht werden.

Dill ist das klassische Gewürzkraut für Fisch und zum Einlegen von Gurken. Er hat ein pikantes Aroma, das an Anis, Fenchel und Kümmel erinnert. Seine ätherischen Öle wirken beruhigend und fördern die Verdauung. Das Kauen von Dillsamen sorgt für frischen Atem.

Estragon hat ein intensives, herb-bitteres Aroma, das andere Gewürze leicht überdecken kann. Deshalb sollte er möglichst sparsam verwendet werden. Aufgrund seiner hohen Konzentration an ätherischen Ölen wirkt er verdauungsfördernd. Estragon kommt an Saucen, Salate, Kräuterbutter, Quark, Kalbsragout oder Fischgerichte. Estragon eignet sich nicht zum Einfrieren, da seine Würzkraft dabei deutlich nachlässt.

Kerbel hat ein feines, würzig-süßliches Aroma, das an Anis oder Fenchel erinnert. Das Kraut ist in der Klostermedizin auch als Heilpflanze bekannt, da es viele ätherische Öle, Flavonoide und Bitterstoffe enthält. Die Bitterstoffe wirken krampflösend und regen die Verdauung an. Den typischen Kerbelgeschmack macht das Glycosid Apiin aus, das keimtötend wirkt. Kerbel eignet sich nicht zum Trocknen, kann aber eingefroren werden. Die frischen Blätter verfeinern Kräutersuppen, -saucen, -quark und -butter.

Liebstöckel wird wegen seines bittersüßen Geschmacks auch Maggikraut genannt. Alle Pflanzenteile enthalten ein ätherisches Öl, das harn- und wassertreibend wirkt. Kleine, frische Liebstöckelblätter eignen sich roh für Salate, Kräuterbutter und -quark. Die größeren Blätter und Stängel werden in Eintöpfen sowie in Schmor- und Fleischgerichten mitgekocht.

bekannt, die bei Erkältungskrankheiten hilft. Minze wird weniger zum Kochen als vielmehr zum Aromatisieren von Süßspeisen und Salaten verwendet.

Petersilie ist zum Allroundkraut in der Küche geworden. Ihr Schattendasein als grünes Garnierkraut hat sie längst überwunden. Und das zu Recht: Denn sie enthält viel Vitamin C und hilft der Leber mit dem Spurenelement Mangan bei der Entgiftungsarbeit.

Rosmarin hat einen leicht bitteren, harzigen Geschmack und einen würzigen Duft, der an Nadelholz erinnert. Die enthaltenen Harze, Gerbstoffe und Bitterstoffe regen den Kreislauf an. Die Zweige können im Ganzen oder die Nadeln klein gehackt mitgegart werden. Rosmarin schmeckt zu Bratkartoffeln, Grillmarinaden, Gemüse-, Kalbs-, Geflügel- und Lammgerichten.

Salbei ist eines der ältesten Heil- und Würzkräuter. Er hat ein strenges, kräftiges, etwas bitteres Aroma. Wegen seiner entzündungshemmenden Wirkung im Rachenraum wird er gern als Erkältungstee getrunken. Als Kraut ist Salbei vielseitig einsetzbar. Er verfeinert Suppen, Eintöpfe, Bratensaucen, Gemüse-, Geflügel-, Fisch- und Lammgerichte. Getrockneter Salbei sollte nur sparsam verwendet werden. Das Aroma entfaltet sich am besten, wenn frische Salbeiblätter in Butter angebraten werden.

Schnittlauch ist eng mit Knoblauch, Zwiebel und Lauch verwandt, schmeckt aber milder. Er enthält viel Vitamin C und regt mit seiner leichten Schärfe Appetit und Verdauung an. Schnittlauch wird nicht mitgekocht, sondern kurz vor dem Servieren auf Suppen, Salate und Butterbrote gestreut oder unter Quark, Kartoffeln und Saucen gemischt.

Thymian duftet würzig. Durch sein ätherisches Öl Thymol wirkt er desinfizierend und schleimlösend und hilft daher bei allen Entzündungen der Atemwege. Weil er die Fettverdauung unterstützt, passt Thymian zu schweren Gerichten wie Braten, Eintöpfer, Bratkartoffeln, Suppen und Gemüse. Getrockneter Thymian hat eine stärkere Würzkraft als frischer und entfaltet sein volles Aroma erst beim Kochen.

Majoran und **Oregano** sind botanisch enge Verwandte. Oregano ist etwas herber, aber nicht ganz so würzig wie Majoran. Beide enthalten viele ätherische Öle sowie Gerb- und Bitterstoffe, die den Fettabbau unterstützen und beruhigend auf gereizte Magenschleimhäute wirken. Majoran ist ein idealer Begleiter für Gänse- oder Schweinebraten und Lammgerichte. Oregano ist getrocknet würziger als Majoran und wird über Pizzen und Tomatensaucen gestreut.

Minze zeichnet sich durch ihr kühlend frisches Aroma aus, das durch das ätherische Öl Menthol hervorgerufen wird. Von den über 20 Minzearten ist hierzulande hauptsächlich die Pfefferminze

GEWÜRZE

Das A und O in der Küche sind neben der Verwendung von Kräutern natürlich die Gewürze. Dabei geht es nicht nur darum, den Geschmack einer Speise hervorzuheben oder zu verfeinern, sondern auch darum, die Gerichte durch die richtige Verwendung gesünder zu machen. Gewürze geben Kreationen nicht nur den letzten Geschmacksschliff, sondern sorgen auch für gesunden Genuss.

Aufbewahrung und Behandlung

Getrocknete Gewürze halten sich luftdicht verpackt, lichtgeschützt und trocken gelagert etwa zwei Jahre, unzerkleinert noch länger. Mit einer Gewürzmühle, die ähnlich wie eine Pfeffermühle funktioniert, können Sie Ihre Gewürze nicht nur selbst mahlen, sondern auch darin aufbewahren. Aus Pfeffer, Piment, Wacholder, Zimt, Chili, Koriander und Lorbeer lässt sich eine ganz individuelle Gewürzmischung herstellen. Gemahlene Gewürze kommen erst in den letzten Minuten an das fertige Gericht, sie entfalten ihr Aroma sehr schnell. Ganze Gewürze lasse ich nur einige Minuten in Saucen oder Suppen ziehen. Geben Sie viele ganze Gewürze in ein Gewürzsäckchen oder Einwegteebeutel, der mit einer Klammer verschlossen wird. So lassen sie sich ganz leicht wieder entfernen.

Verwendung und Wirkung

Chilis wurden von Kolumbus aus Südamerika nach Europa gebracht. Wegen ihrer Schärfe erhielten sie in Spanien den Namen Pimiento (Pfeffer), in Italien werden sie Peperoni genannt, obwohl sie botanisch nichts mit der Pfefferpflanze zu tun haben, sondern zur Paprikafamilie gehören. Chilischoten gibt es in unterschiedlichen Formen, Farben und Schärfegraden. Getrocknete, gemahlene Chilis der Sorte Cayenne heißen Cayennepfeffer. Der wichtigste Inhaltsstoff ist das Capsaicin, das für die Schärfe sorgt und in den Kernen und Scheidewänden steckt. Capsaicin stimuliert die Verdauung und Durchblutung. Chilipulver passt zu allem, was scharf sein soll: Chili con Carne, Eintöpfe, Fleisch, Gemüse, Saucen.

Currypulver ist eine indische Gewürzmischung, die bis zu 20 verschiedene Gewürze enthalten kann. Auf keinen Fall fehlen dürfen Kurkuma, Ingwer, Kardamom, Pfeffer, Koriander, Kreuzkümmel, Paprika, Nelken, Zimt, Muskat und Piment. Die Mischung macht's, ob das Curry mild, leicht süßlich oder würzig-scharf schmeckt. Curry ist appetit- und verdauungsfördernd. Curry würzt vor allem Reis-, Fleisch- und Fischgerichte und harmoniert gut mit Kokoscreme, Sahne oder Crème fraîche.

Fenchel wird nicht nur als Kraut oder Gemüse, sondern in Form von Samen auch als Gewürz genutzt. Sie haben ein warmes, süß-aromatisches Anisaroma und harmonieren gut mit Fisch. Die Samen würzen außerdem Kohl, Kartoffeln, eingelegte Früchte, Gurken sowie Brot. Fenchel lindert Magenbeschwerden und fördert die Verdauung.

Ingwer hat einen festen Platz in der asiatischen Küche. Die Knollen duften nach Holz, schmecken aber scharf und fruchtig. In Scheiben geschnitten oder gerieben, öffnet Ingwer die Geschmacksknospen und passt deshalb zu herzhaften wie süßen Speisen. Ingwer aktiviert die Verdauung und belebt die Durchblutung. Ingwerpulver ist kein Ersatz für frischen Ingwer. Zusammen mit Knoblauch ist Ingwer unschlagbar, da er den unangenehmen Geruch des Knoblauchs neutralisiert.

Kardamom hat ein kräftiges, würzig-bitteres Aroma, das an Zitronen und Eukalyptus erinnert. In der Antike wurde er deshalb bereits als Mittel gegen schlechten Atem geschätzt. Grüner Kardamom ist dem schwarzen in der Küche vorzuziehen, da er ein feineres Aroma hat. Gewürzt wird mit den ganzen Kapseln, die mitgegart werden, oder mit den gemahlenen Samen. Kardamom aromatisiert Reisgerichte und würzt Gebäck und Desserts.

Knoblauch ist eine der ältesten Kulturpflanzen und als Heilpflanze anerkannt. Er ist reich an Vitamin A, B und C sowie an antibakteriell wirkenden Stoffen. Er wird wegen seiner positiven Wirkung auf Blutgefäße gepriesen. Sein Aroma ist scharf-beißend und

Lorbeer galt im Altertum als Symbol für Ruhm und Weisheit. Die Blätter mit dem herben Aroma werden hauptsächlich zu Wild, Sauerbraten, Suppen, Saucen, Kohl- und Gemüsegerichten gegeben. Da sich das Aroma langsam entfaltet, werden die Blätter mitgegart, aber vor dem Servieren entfernt.

Muskatnuss ist trotz ihres Namens keine Nuss, sondern der würzig schmeckende Samenkern des Muskatbaums. In kleinen Mengen gerieben, wirkt Muskatnuss anregend und beruhigt Magen und Darm.

Pfeffer ist neben Salz das Universalgewürz schlechthin. Schwarze Pfefferkörner sind schärfer als weiße. Da sich das Aroma schnell verflüchtigt, mahlt man Pfeffer am besten frisch. Zerstoßene Pfefferkörner sind gut für Marinaden und Beizen. Pfeffer wirkt positiv auf den Stoffwechsel und die Verdauung.

Piment wird auch Nelkenpfeffer genannt und hat einen leicht pfeffrigen Geschmack. Piment passt zu würzigen Marinaden, Saucen, Suppen und Fischgerichten. Wie Pfeffer am besten frisch mahlen.

Vanille duftet angenehm blumig und schmeckt süßlich. Das Mark der Schoten entfaltet sein Aroma am besten mit Zucker und findet deshalb meist in Süßspeisen oder Gebäck Verwendung.

Wacholderbeeren haben einen würzig-bittersüßen Geschmack. Sie sind die klassische Beigabe zu Wild- und Fleischgerichten sowie zu Marinaden, Sauerkraut und Rotkohl.

Zimt ist ein Gewürz aus der Rinde des Zimtbaums. Dabei gilt es, zwischen dem Kassia-Zimt und dem Ceylon-Zimt zu unterscheiden. Wegen des in die Schlagzeilen geratenen Inhaltsstoffs Cumarin sollte man Ceylon-Zimt verwenden. Zimt hat ein süß-holziges Aroma und ist als Pulver oder in Stangenform erhältlich und verfeinert Süßspeisen und Gebäck, passt aber auch zu Fleischtöpfen, gekochtem Fisch und Currys.

Zitrusschalen sorgen für eine frische Note der Speiser. Die Schalen sollten aber immer von unbehandelten Früchten stammen, da behandelte mit einer Wachsschicht überzogen sind.

der Geruch unverkennbar. Knoblauch wird als ganze Zehe im Gericht mitgegart oder sollte in Scheiben geschnitten kurz mitziehen. Knoblauch darf nicht anbrennen, denn sonst schmeckt er bitter.

Koriander kommt in der Küche sowohl als Kraut wie auch als Gewürz in Form von Körnern zum Einsatz. Das süßliche Aroma der Körner erinnert an Orangen- und Zitronenschalen. Werden die Körner vor dem Mahlen kurz in einer Pfanne angeröstet, verliert sich ihr Aroma nicht so schnell.

Kümmel hat einen scharfen Geschmack, der an Anis erinnert. Sparsam verwendet, verstärkt er den Eigengeschmack der Speisen. Er macht alle schweren Gerichte leichter verdaulich und harmoniert mit Knoblauch und Zwiebeln.

GRUNDTECHNIKEN

Garnelen oder Scampi vorbereiten

Riesengarnelen und Scampi (dt. Kaisergranat) werden im Sprachgebrauch häufig miteinander verwechselt, obwohl sie doch recht unterschiedlich aussehen. Im Handel leichter erhältlich sind die Garnelen, von denen es eine Vielzahl von Arten gibt. Wenn Sie ungeschälte Krustentiere kaufen, sollten Sie sie, wie unten gezeigt, vorbereiten. Beim Schmetterlingsschnitt wird das Fleisch von der Kopfseite her bis zur Hälfte durchgeschnitten und dann der Darm entfernt. Übrigens: Garnelen werden erst beim Garen rosa, ungegart sind sie grau!

Die Garnelen schälen: Mit einer Drehbewegung den Kopf vom Schwanz trennen. Den Panzer mit den Fingern zusammendrücken.

Die Unterseite des Panzers auseinanderbrechen. Die Schalen ablösen. Das hintere Schwanzstück nach Belieben nicht von den Schalen lösen.

Mit einem spitzen Messer das Fleisch am Rücken so tief einschneiden, bis der schwarze Darm sichtbar ist. Den Darm mit der Messerspitze auslösen.

Rinderfilet aufschneiden

Nicht nur das sanfte Garen ist wichtig für den guten Geschmack eines im Ganzen gebratenen oder gegarten Stück Fleischs. Auch die richtige Technik beim Aufschneiden kann dafür verantwortlich sein, wenn der Braten nicht zart, sondern zäh ist. Die Grundregel lautet: Immer gegen die Faser schneiden! Ob beim Kalbstafelspitz, der zuerst angebraten und dann 2 Stunden in Gewürzwasser sanft gesimmert hat, oder beim Rinderfilet, das nach dem Anbraten in der Pfanne noch etwa 2 Stunden im Backofen bei 100 °C gart.

Das Rinderfilet aus dem Ofen nehmen und auf ein Brett legen. Rindfleisch sollte 2 bis 3 Wochen abgehangen sein.

Falsche Technik: Das Rinderfilet auf einem Brett mit einem scharfen Messer **entlang** der Faser in Scheiben schneiden.

Richtige Technik: Das Fleisch mit einem scharfen Messer **gegen** die Faser in Scheiben schneiden.

Braune Butter zubereiten

Braune Butter verleiht Gerichten ein nussiges Aroma und ist ganz leicht selbst herzustellen (siehe unten).
Es ist nicht unbedingt nötig, sie zu filtern, auf Spargel sehen die braunen Flöckchen sogar sehr dekorativ
aus. Im Kühlschrank hält sich braune Butter in einem gut verschließbaren Glas 8 Wochen. Sie wird fest
wie Butterschmalz. Man sticht einfach ein Stück davon ab, gibt es an das heiße Gericht oder lässt es in
einer Pfanne schmelzen. Aromatisieren können Sie sie mit Knoblauch, Rosmarin, Chili, Vanilleschote etc.

Für etwa 200 g braune Butter
1 Päckchen Butter (250 g) in einen Topf geben und mit einem
Löffel etwas zerpflücken.

Die Butter bei milder Hitze
langsam zerlassen. Dann etwa
10 Min. köcheln lassen, bis die
Butter goldbraun ist.

Ein Sieb mit Küchenpapier auslegen. Die Butter in das Sieb
gießen und in einer Schüssel
auffangen.

Gurken einlegen

Nehmen Sie für 2 Gläser à etwa 1/2 l Inhalt 700 bis 750 g kleine Einlegegurken. Gut waschen und trocken
reiben. Mit 2 EL Salz und 1 l Wasser in eine Schüssel geben. Zugedeckt 24 Stunden ziehen lassen, dann
10 Min. in frisches kaltes Wasser legen und abtropfen lassen. Die Gurken mit 4 Dillstielen in die sterilisierten
Gläser füllen. Wer es schärfer mag, gibt noch 2 getrocknete Chilischoten hinein. Für eine längere Lagerung
der Gurken die befüllten Gläser 3/4-hoch in heißes Wasser stellen, bei 85 °C etwa 10 Min. ziehen lassen.

Für den Sud 225 ml Wein- oder
Apfelessig mit 350 ml Wasser
und 1 EL Zucker in einem Topf
aufkochen. Verrühren, bis sich
der Zucker aufgelöst hat.

1 TL schwarze Pfefferkörner,
1 EL gelbe Senfkörner, 1/2 TL Wacholderbeeren, 2 Gewürznelken,
2 Lorbeerblätter, 2 Scheiben Ingwer, 2 Zimtsplitter dazugeben.

5 Min. ziehen lassen. Den Sud
noch heiß auf die Gurken gießen, sodass sie bedeckt sind.
Die Gläser gut verschließen. Die
Gurken 14 Tage ziehen lassen.

Rezepte

POWER-MÜSLI

ZUTATEN (4 PERSONEN)

250 g kernige Haferflocken

1 EL Sonnenblumenkerne

1 EL Leinsamen · je 40 g Cashew-
kerne, Hasel- und Walnüsse

2 EL Pistazienkerne

40 g geschälte Mandeln

100 g Butter · 1 TL Honig

80 g brauner Zucker

200 g Topfen (abgetropfter Quark)

50 ml Milch

frisch gepresster Saft von 1 Orange

800 g – 1 kg gemischtes Obst

(z.B. Banane, Melone, Mango, Kiwi,

Rote oder Schwarze Johannis- und

Himbeeren, Erdbeeren, Ananas,

Papaya, Heidelbeeren)

je 1–2 EL Rosinen und getrocknete

Cranberrys · je 1 EL Kardamomsamen

und Zimtsplitter, je 1 zerstoßene Ge-

würznelke und zerkleinerte getrocknete

Vanilleschote und 1 TL Pfefferkörner

für die Gewürzmühle

frisch geriebene Muskatnuss

Schuhbeck
empfiehlt:

» Dieses Müsli ist ein wahrer Fitmacher: Die darin enthaltenen Nüsse strotzen nur so vor Kalium und Vitaminen der B-Gruppe und wirken somit positiv auf Nervensystem und Gehirn. Bananen haben durch ihre Mineralstoffkombination eine beruhigende Wirkung auf die Nerven und sind deswegen ideal für Gestresste. Das Enzym Papain in Papaya bringt zusätzlich die Eiweißverdauung auf Trab. «

Ofen auf 180 °C vorheizen. Haferflocken, Sonnenblumenkerne, Leinsamen, Nüsse und Mandeln in einer Schüssel mischen.

Die Butter in einem Topf zerlassen, Honig unterrühren. Flüssige Butter und braunen Zucker zur Müslimischung geben.

Alles gut verrühren und auf einem mit Backpapier ausgelegten Backblech verteilen.

Die Knuspermischung im Ofen auf der mittleren Schiene 10 bis 12 Min. knusprig backen, dabei gelegentlich umrühren.

Den Topfen und die Milch in einer Schüssel mit dem Schneebesen verrühren, den Saft unterrühren. Das Obst putzen, waschen, falls nötig, schälen und entkernen. Das Fruchtfleisch klein schneiden und unter die Topfencreme heben.

Die Knuspermischung aus dem Ofen nehmen und etwas abkühlen lassen. Das Früchtemüsli mit Rosinen und Cranberrys bestreuen. Mit den Gewürzen aus der Mühle und Muskatnuss würzen. Die Knuspermischung darüberstreuen.

> ## Zum Knabbern

Besonders aromatisch wird die Knuspermischung, wenn schon vor dem Backen etwas Zimtpulver oder Lebkuchengewürz untergemischt wird. Wenn Sie die Haferflocken durch Nüsse ersetzen, ist die Knusper-Nuss-Mischung ein idealer Knabberspaß für zwischendurch. Die Mischung hält sich verschlossen und trocken gelagert bis zu 10 Tage.

Saiblings-Toast &
Club-Sandwich

Zutaten (je 1 Person)

Für den Saiblings-Toast:

½ Saiblingsfilet (ca. 40 g; ohne Haut
und Gräten) · 1 Ei · 1 EL Zwiebelwürfel · ½ EL Dillspitzen · Salz
Chilipulver · Öl für den Ring
1 EL Öl oder braune Butter
2 TL Cocktailsauce (aus dem Glas)
1 Brötchen (halbiert und getoastet)
2 EL Krabben (in Salzlake)
1 TL Olivenöl · einige Spritzer
Zitronensaft · ca. 2 EL saure Sahne
etwas abgeriebene unbehandelte
Zitronenschale · Zucker

Für das Club-Sandwich:

2 Blätter Eisbergsalat
1 EL Gartenkresse
2 EL Petersilie (frisch geschnitten)
2 EL süßsaure Chilisauce
1 gegartes Hähnchenbrustfilet
(ca. 150 g; ohne Haut)
3 Scheiben Toastbrot (getoastet)
ca. 100 g gemischte Pilze
(z.B. Pfifferlinge und Steinpilze)
1 EL braune Butter oder Öl
gemahlener Kümmel
etwas abgeriebene unbehandelte Zitronenschale · 1 Spritzer Zitronensaft
Salz · Chilipulver · 1 TL Butter

Saiblings-Toast

Das Fischfilet klein schneiden. In einer Schüssel mit Ei, Zwiebel und Dill mit einer Gabel verquirlen, mit Salz und Chili würzen.

Die Eimischung in gefettetem Metallring in einer Pfanne im Öl (oder im Ofen bei 140 °C 5 bis 6 Min.) stocken lassen.

Den Ring entfernen, das Eitörtchen wenden und kurz anbraten. Die Cocktailsauce auf einer Brötchenhälfte verteilen.

Das Eitörtchen daraufsetzen. Krabben abtropfen lassen, mit Öl und etwas Zitronensaft mischen, auf das Törtchen setzen.

Die saure Sahne mit etwas Zitronensaft und -schale und e 1 Prise Chilipulver, Zucker und Salz abschmecken.

Die restliche Brötchenhälfte halbieren, jeweils etwas vom Dip daraufgeben und nach Belieben mit einigen Salatgurken- und Apfelwürfeln belegen.

Club-Sandwich

Salatblätter waschen, trocken schütteln und klein schneiden. Mit Kresse, 1 EL Petersilie und Chilisauce mischen. Hähnchen in Würfel schneiden, unter den Salat mischen und alles zwischen 2 Brotscheiben geben.

Pilze putzen, trocken abreiben und klein schneiden. In brauner Butter anbraten, 1 EL Petersilie, 1 Prise Kümmel, Zitronenschale und -saft hinzufügen, mit Salz und Chili würzen. Butter dazugeben und schmelzen lassen.

Die Pilzmischung auf das oberste Toastbrot geben und mit der dritten Scheibe abschließen. Das Sandwich mit 2 Spießen feststecken, nach Belieben mit je 2 Cocktailtomaten garnieren und quer halbieren.

STEAK-SANDWICH

ZUTATEN (1 PERSON)

1 kleine Zwiebel
je ca. $\frac{1}{4}$ grüner und gelber Zucchino
1 Scampo oder Riesengarnele
(küchenfertig; ohne Kopf; bis auf
das Schwanzstück geschält)
2 Scheiben Rinderfilet
(à ca. 1 $\frac{1}{2}$ cm dick)
2 EL Öl
2 ausgekratzte Vanilleschoten
1 Zimtrinde
1 Knoblauchzehe (in Scheiben)
2 Scheiben Ingwer
ca. 3 EL Tomatenwürfel (ohne Haut)
Chilisalz (aus dem Gewürzladen)
2 EL Butter
1 TL Currypulver
$\frac{1}{2}$ große Scheibe Bauernbrot
(nicht zu dick, leicht getoastet)
Vanillesalz (aus dem Gewürzladen)

Schuhbeck
empfiehlt:

》 Die Rinderfilets können Sie auch durch Kalbs- oder Lammfilets ersetzen. Die Filets sollten gewendet werden, wenn sich auf ihrer Oberfläche kleine Schweißperlen bilden.
Die Steaks kann man auch einige Zeit vorher zubereiten, dann werden sie im auf 70 °C vorgeheizten Backofen auf einem Ofengitter warm gehalten. 《

Zwiebel schälen und in grobe Rauten schneiden. Die Zucchini waschen, trocken reiben und in kleine Würfel schneiden.

Scampo waschen, trocken tupfen und bis zum Schwanz längs einschneiden, den durklen Darm entfernen (siehe S. 14 oben).

Die Rinderfilets und den Scampo in einer Pfanne in 1 EL Öl bei mittlerer Hitze auf beiden Seiten je 1 bis 1½ Min. braten.

Inzwischen in einer weiteren Pfanne Zwiebel und Zucchini im restlichen Öl anbraten. Vanille, Zimt, Knoblauch und Ingwer hinzufügen. Nach 3 Min. Tomatenwürfel dazugeben, etwas mitbraten und das Gemüse mit Chilisalz würzen.

Das Fleisch und den Scampo aus der Pfanne nehmen. Die Butter darin zerlassen und mit dem Curry würzen. Die Steaks in der Currybutter wenden.

Das Gemüse auf dem Brot verteilen, die Steaks daraufgeben und mit etwas Currybutter beträufeln. Scampo daraufsetzen und das Sandwich mit 1 Prise Vanillesalz würzen.

> Sandwich mit Pilzen

Lecker schmeckt auch ein Steak-Sandwich mit Pilzen und Spiegelei. Dafür brate ich etwa 100 g gemischte Pilze wie beim Club-Sandwich (siehe S. 21, Step 2) und verteile sie auf 1 Scheibe Toast. 2 dünne Rinderfiletsteaks, wie oben beschrieben, braten und auf die Pilze geben. 1 Ei langsam zu einem Spiegelei braten und daraufsetzen.

Omelett mit dreierlei Füllungen

Zutaten (1 Person)

Für das Omelett:
3 Eier · braune Butter (siehe S. 15)
oder Öl · frisch geriebene Muskatnuss

Für Spargelfüllung:
50 ml Gemüsebrühe · 1 TL scharfer
Senf · Salz · Chilipulver
½ TL abgeriebene unbehandelte
Zitronen- und Orangenschale
1 Spritzer Zitronensaft
1–2 EL Olivenöl
je 2–3 Stangen grüner und weißer
Spargel (blanchiert und in Scheiben)
4 Datteltomaten (gewaschen und
halbiert) · einige Kerbelblätter

Für Krabbenfüllung:
200 g Krabben (in Salzlake)
¼ Bund Dill · etwas Limettensaft
etwas abgeriebene unbehandelte
Limettenschale · 2 EL Olivenöl
Chilipulver

Für Pilzfüllung:
150 g kleine Pfifferlinge
1 Schalotte · gemischte Kräuterblätter
1 EL braune Butter (siehe S. 15)
gemahlener Kümmel
½ TL abgeriebene unbehandelte
Zitronenschale · Chilisalz
1–2 TL Butter · Limettensaft

Omelett

Die Eier in einer Schüssel mit dem Schneebesen verquirlen. Eine beschichtete Pfanne erhitzen.

Die heiße Pfanne mit brauner Butter einpinseln. Die Eier hineingießen und darin bei milder Hitze stocken lassen.

Das Omelett mit Muskatnuss würzen, zusammenklappen und auf einen Teller gleiten lassen. Nach Belieben salzen.

Dreierlei Füllungen

Für eine **Spargelfüllung** Brühe, Senf, je 1 Prise Salz und Chili, Zitrusschalen und -saft in einem hohen Rührbecher mit dem Stabmixer pürieren, dabei das Öl einlaufen lassen. Spargel, Tomaten und Kerbel mit dem Dressing mischen.

Für eine **Krabbenfüllung** die Krabben etwas abtropfen lassen. Den Dill waschen, trocken schütteln und grob schneiden. Beides in eine Schüssel geben und mit Limettensaft -schale und Öl verrühren. Die Füllung mit 1 Prise Chilipulver würzen.

Für eine **Pilzfüllung** die Pfifferlinge putzen und trocken abreiben. Schalotte schälen und klein schneiden. Kräuter waschen, trocken schütteln und grob schneiden. Pilze in einer Pfanne in der braunen Butter andünsten, die Schalotte hinzufügen und mitdünsten. Mit 1 Prise Kümmel, Zitronenschale und Chilisalz würzen. Kräuter hinzufügen. Butter dazugeben und alles mit Limettensaft beträufeln.

OBATZDA MIT BIRNE

ZUTATEN (4 PERSONEN)

½ reife, feste große Birne

3–5 Frühlingszwiebeln

5 Radieschen

250 g reifer Camembert
(Zimmertemperatur)

250 g Frischkäse

Chilisalz (aus dem Gewürzladen)

Kümmelsamen, Koriander- und
Pimentkörner für die Gewürzmühle

3–4 EL Sahne

2 cl Williamsgeist

3 EL braune Butter (siehe S. 15)

1 Glas Weißbier (mit Schaum)

Schuhbeck
empfiehlt:

» Ein knuspriges Extra zum Obatzden sind Croûtons. Dafür 2 Scheiben
Toast entrinden und die Scheiben mit einem scharfen Messer waage-
recht durchschneiden. Die Brotscheiben in ½ cm dünne Streifen und
dann in möglichst kleine Würfel schneiden. In einer Pfanne in 3 EL Butter und 2 EL Öl knusprig braten. Auf Küchenpapier abtropfen lassen.
Den Camembert können Sie auch durch Bergkäse ersetzen. «

1

Die Birne schälen, das Kerngehäuse entfernen und das Fruchtfleisch in ½ cm große Würfel schneiden.

2

Die Frühlingszwiebeln putzen, waschen und das Hellgrüne in dünne Ringe schneiden.

3

Die Radieschen putzen, waschen und in kleine Würfel schneiden. Den Camembert ebenfalls in Würfel schneiden.

4

Den Frischkäse in einer Schüssel mit Birne, Frühlingszwiebeln, Radieschen und Käse mit dem Teigschaber verrühren.

5

Obatzden mit Chilisalz und der Mischung aus der Mühle kräftig würzen. Sahne hinzufügen und unterrühren. Den Schnaps untermischen.

6

Den Obatzden mit brauner Butter abschmecken. Zuletzt vom Weißbier 2 bis 3 EL Schaum abnehmen und unter den Obatzden rühren.

> Klassischer Obatzda

Für einen klassischen Obatzden 2 Frühlingszwiebeln putzen, waschen, das Grün abschneiden und beiseitelegen. Den Rest klein schneiden. 150 g weiche Butter in einer Schüssel schaumig rühren und mit 150 g Quark, 150 g geriebenem Bergkäse und den Frühlingszwiebeln verrühren. Anschließend 70 g geschlagene Sahne unterheben. Den Obatzden mit Salz, Pfeffer, ½ TL Paprikapulver (edelsüß) und je 1 kräftigen Prise gemahlenem Kümmel und Cayennepfeffer würzen. Mit Brezeln oder dunklem Bauernbrot servieren.

AVOCADO-SALSA

ZUTATEN (4 PERSONEN)

1 Schalotte

1–2 TL eingelegter Ingwer

½ Knoblauchzehe · Salz

2 reife Avocados (ca. 500 g)

1–2 EL Zitronensaft

1 Zimtrinde

geröstete Korianderkörner für die
Gewürzmühle

Vanillesalz (aus dem Gewürzladen)

Chilipulver

2 EL mildes Olivenöl

Schuhbeck
empfiehlt:

» Reife Avocados erkennt man daran, dass sich ihre Schale bei leichtem Druck weich anfühlt. Man halbiert sie und entfernt den Kern. Das Avocadofruchtfleisch kann man dann entweder direkt aus der Schale löffeln, oder man schält es und schneidet es in mundgerechte Stücke. Das Fruchtfleisch sofort mit Zitronensaft beträufeln, sonst wird es braun. Ein Avocadokern in einer fertigen Guacamole verhindert diese Braunfärbung übrigens ebenfalls. «

1

Die Schalotte schälen und mit einem Messer in kleine Würfel schneiden. Den Ingwer klein schneiden.

2

Den Knoblauch schälen und grob zerkleinern. Mit etwas Salz bestreuen und mit der Messerklinge zerreiben.

3

Die Avocados halbieren und die Kerne entfernen. Die Avocadohälften schälen.

4

Das Avocadofruchtfleisch in ½ cm große Würfel schneiden und in eine Schüssel geben. Sofort mit dem Zitronensaft beträufeln.

5

Die Schalottenwürfel, den Ingwer und den Knoblauch zu den Avocadowürfeln geben.

6

Über die Mischung etwas Zimt reiben und mit Salz, dem Koriander aus der Mühle und je 1 Prise Vanillesalz und Chilipulver würzen. Das Öl hinzufügen und alles vorsichtig mischen.

> Salsa-Variationen

Die Salsa können Sie zu den verschiedensten Gerichten servieren: z. B. als Beilage zu gegrilltem Fleisch, als Brotaufstrich oder klassisch zu Tortilla-Chips.

Sie können die Avocado-Salsa auch einmal mit 100 g Frischkäse verfeinern.

Für ein Avocado-Chutney etwa ein Drittel der Salsa mit dem Stabmixer pürieren und die restliche Salsa unterrühren.

Zu Avocado passen übrigens auch Früchte wie z. B. Erdbeeren sehr gut, dann die Salsa mit Balsamico abschmecken.

RADIGEMÜSE &
RADI SCHNEIDEN

ZUTATEN

Für das Gemüse (2 Pers.):
1 Rettichwurzel
1 TL Butter
1–2 EL Petersilie (frisch geschnitten)
Vanillesalz (aus dem Gewürzladen)

Zum Schneiden:
1 weiße oder rote Rettichwurzel
(geputzt und gewaschen)
Salz

Schuhbeck
empfiehlt:

» Den geschnittenen Rettich vor dem Servieren mit Salz würzen und etwa 10 Min. ziehen lassen, dadurch entwässert der Radi.
Das Radigemüse können Sie statt mit Petersilie auch mit Schnittlauch servieren. Das Gemüse passt als Beilage sehr gut zu gekochtem Fleisch wie z. B. Tafelspitz oder Rinderbrust sowie zu Fisch. «

Radigemüse

1 Den Rettich putzen, waschen, vierteln und mit einem scharfen Messer in dünne Scheiben schneiden.

2 Den Rettich in kochendem Wasser 1 bis 2 Min. bissfest blanchieren. Mit dem Sieblöffe herausnehmen, eiskalt abschrecken.

3 Die Butter in einer Pfanne erhitzen und den Radi darin andünsten. Die Petersilie dazugeben. Mit Vanillesalz würzen.

Radi schneiden

1 Für den Ziehharmonika-Schnitt die Schraube vom Radischneider mittig in die Schnittfläche des Radis drehen. Den Stab aufsetzen und das Messer bis zum Ende des Stabs drehen.

2 Für den Münchner Schnitt die Wurzelspitze abschneiden und den Rettich auf dem Gemüsehobel oder der Mandoline längs in feine Scheiben hobeln. Fächerförmig auf einen leicht gesalzenen Teller legen.

3 Für den Platzl-Schnitt die Wurzelspitze abschneiden und den Radi in gleichmäßigen Abständen schräg einschneiden. Radi drehen und die andere Seite ebenso einschneiden.

> Radi mit Pesto

Für das Pesto 200 g verlesenen Blattspinat und die Blätter von 2 Bund Petersilie nacheinander in Salzwasser je 4 bis 5 Min. blanchieren. Abschrecken, das Wasser ausdrücken und die Blätter grob zerkleinern. Spinat und Petersilie im Küchenmixer mit 1 EL gerösteten Mandelblättchen, 1 EL geriebenem Parmesan, 60 ml Olivenöl und 60 g brauner Butter pürieren und mit Salz, Pfeffer und Zitronensaft würzen. Zum Radi servieren.

BRATHERING

ZUTATEN (4 PERSONEN)

2 Zwiebeln

je 1 gelbe und orangefarbene Karotte

150 g Knollensellerie

½ Stange Lauch

ca. 20 Wacholderbeeren

je 2–3 TL Senf-, Koriander- und
schwarze Pfefferkörner

1 EL Pimentkörner

2 EL Puderzucker

80 ml Rotweinessig

½ l Gemüsebrühe

1 rote Chilischote

4 Lorbeerblätter

Salz

4 EL doppelgriffiges Mehl
(Wiener Grießler)

8 Heringsfilets
(mit Haut; ohne Gräten)

3–4 EL Öl

Schuhbeck
empfiehlt:

» Man kann den Brathering gut vorbereiten, dann sollte er allerdings bis zum Servieren zugedeckt im Kühlschrank aufbewahrt werden. Vor dem Servieren sollte er dann rechtzeitig aus dem Kühlschrank genommen werden, damit er temperieren kann – so schmeckt er besser. Besonders fein schmeckt der Fisch lauwarm, dafür den Brathering im Backofen auf der mittleren Schiene bei 80 °C 20 Min. erwärmen. Zum Brathering passen knusprige Bratkartoffeln als Beilage. «

1

Am Vortag Zwiebeln, Karotten und Sellerie schälen, Lauch putzen, waschen, alles in sehr feine Streifen (Julienne) schneiden.

2

Die ganzen Gewürze in einem Topf anrösten, bis sie zu duften beginnen. Puderzucker darüberstäuben und karamellisieren.

3

Mit dem Essig ablöschen und das Gemüse dazugeben. Die Brühe angießen.

4

Die Chilischote längs halbieren, entkernen und waschen. Die Lorbeerblätter und die Chilischote in den Topf geben.

5

Die Marinade salzen und knapp unter dem Siedepunkt etwa 10 Min. ziehen lassen. Das Mehl auf einen Teller geben.

6

Die Heringsfilets waschen und trocken tupfen. Mit der Hautseite im Mehl wenden und leicht abklopfen.

7

Das Öl in einer Pfanne erhitzen und die Fischfilets darin auf der Hautseite bei mittlerer Hitze 1 bis 2 Min. anbraten, bis an den Seiten ein heller Streifen entsteht.

8

Die Marinade mit den Gewürzen und dem Gemüse in eine ausreichend große Form gießen.

9

Die Heringsfilets nebeneinander, mit der Hautseite nach oben, in die Marinade legen und im Kühlschrank über Nacht ziehen lassen. Am nächsten Tag zum Servieren jeweils etwas Gemüse auf Teller verteilen, je 1 Brathering daraufgeben und mit etwas Marinade beträufeln.

CARPACCIO

ZUTATEN (4 PERSONEN)

Zum Vorbereiten:

ca. 400 g sehr frisches Rinderfilet
Öl zum Einpinseln und für die Folie

Zum Fertigstellen:

einige Spritzer Zitronensaft
Salz (z. B. Murray River Salt oder
Fleur de Sel)
2–3 EL Olivenöl (extra vergine)
1 Stück Parmesan
5 Basilikumblätter
Pfeffer aus der Mühle
1–2 TL kleine Kapern
3 Sardellenfilets
5 grüne und schwarze Oliven
(entsteint)
einige gemischte Wildkräuter
(z. B. Portulak und Kerbel)
1 EL Pinienkerne (geröstet)

Schuhbeck
empfiehlt:

» Ob Sie das Carpaccio aus angefrorenem oder normal temperiertem Fleisch zubereiten, bleibt ganz Ihnen überlassen. Beide Varianten eignen sich auch für beide Variationen zum Belegen.
Das gefrorene Rinderfilet können Sie auch mit der Brotschneidemaschine (Wurstschneidestufe) in gleichmäßige Scheiben schneiden. «

Methode 1: Filet anfrieren und schneiden

Das Rinderfilet zuerst in Frischhaltefolie und dann in Alufolie wickeln, die Enden jeweils gut festdrehen.

Das Fleisch etwa 1 Std. ins Tiefkühlfach geben und anfrieren. Dann das Filet herausnehmen und auswickeln.

Mit einem scharfen Messer dünne Scheiben abschneiden. Fächerartig auf einen Teller legen, 3 bis 4 Min. auftauen lassen.

Methode 2: Filet schneiden und plattieren

Von dem Filet mit einem scharfen Messer etwa 1/2 cm dicke Scheiben abschneiden.

Die Filets mit viel Abstand auf 1 großes Blatt geölte Frischhaltefolie legen und die Filets auf der Oberseite mit Öl bepinseln.

Die Folie darüberklappen und das Fleisch mit dem Plattiereisen vorsichtig flach klopfen. Auf einem Teller fächerartig auslegen.

Carpaccio fertigstellen

Das Fleisch mit Zitronensaft beträufeln und mit Salz würzen. Die Scheiben mit Öl einpinseln und einige Minuten marinieren.

Über das Carpaccio entweder grob Parmesan raspeln, mit Basilikum belegen und mit Pfeffer aus der Mühle würzen.

Oder das Carpaccio mit Kapern, Sardellenfilets und Oliven belegen, mit Kräutern garnieren und Pinienkerne darüberstreuen.

RINDFLEISCHTATAR

ZUTATEN (4 PERSONEN)

Für Tatar im Roastbeefmantel:
3 Sardellenfilets · 1 kleine Essiggurke
1—2 TL Kapern · ½ Zwiebel
1 TL Öl · 500 g Rinderfilet
(fein durch den Fleischwolf gedreht)
je 1 EL süßsaure Chilisauce
und Tomatenketchup
1—2 TL Dijon-Senf
1 EL eingelegter Ingwer · Salz
1 Msp. Paprikapulver (edelsüß)
Chilipulver
3 EL Schnittlauchröllchen
8 dünne Scheiben Roastbeef
150 g saure Sahne
etwas abgeriebene unbehandelte
Zitronenschale · Zitronensaft · Zucker

Für Tatat mit Gemüsesalat:
1—2 EL Croûtons (siehe Tipp S. 26)
200 g gemischtes Gemüse (blanchiert
und klein geschnitten, z.B. Zucchino,
Lauch, grüner Spargel)
1 EL Olivenöl · Pfeffer aus der Mühle

Schuhbeck
empfiehlt:

>> Zu dem Tatar im Roastbeef passen sehr gut Gemüserösti aus Zwiebeln, Karotten, Kartoffeln, Lauch oder Zucchini. Das Gemüse in feine Streifen raspeln. Mit Salz, Pfeffer und Muskatnuss würzen. In einer Pfanne in Öl goldbraun zu Rösti braten.
Für den Gemüsesalat können Sie Gemüse nach saisonalem Angebot und persönlichem Geschmack nehmen. Das Gemüse vorher blanchieren, damit es seine schöne Farbe behält. Dazu passen Cocktailtomaten. <<

Tatar im Roastbeefmantel

1 Sardellen, Gurke und Kapern fein hacken. Zwiebel schälen, in Würfel schneiden und im Öl glasig dünsten oder blanchieren.

2 Rindfleisch mit Sardellen, Gurke, Kapern und Zwiebel in eine Schüssel geben. Chilisauce, Ketchup und Senf unterrühren.

3 Den Ingwer klein schneiden und dazugeben. Das Tatar mit Salz, Paprika und Chili würzen. 2 EL Schnittlauch unterrühren.

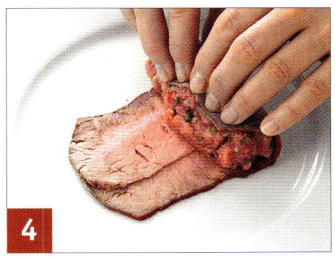

4 Je 2 Scheiben Roastbeef nebeneinander auf einen Teller legen. 2 EL Tatar daraufgeben und der Länge nach einrollen.

5 Saure Sahne mit etwas Zitronenschale und -saft, Zucker, Salz und 1 Prise Chilipulver verrühren. 1 EL Schnittlauch unterrühren.

6 Das Tatar im Roastbeef auf Teller geben und mit der Schnittlauchsauce anrichten. Nach Belieben mit Gemüserösti (siehe Tipp) servieren.

Tatar mit Gemüsesalat

1 Einen Metallring (ca. 5 cm Ø) mit Öl einfetten und auf einen Teller stellen. Das Tatar, wie in Step 1 bis 3 beschrieben, zubereiten. In den Metallring geben.

2 Die Oberfläche glatt streichen. Das Tatar mit Croûtons bestreuen und den Ring abziehen.

3 Das Gemüse in einer Schüssel mit Zitronensaft und Olivenöl verrühren. Mit Salz und Pfeffer würzen. Etwas marinieren und mit dem Tatar anrichten.

WURSTSALAT

ZUTATEN (4 PERSONEN)

800 g grobe Fleischwurst
(z. B. Regensburger)
2 Zwiebeln
3 Stangen grüner Spargel
80 g breite grüne Bohnen · Salz
100 g Cocktailtomaten
8 Radieschen
½ gelber oder grüner Zucchino
80 g weiße Bohnen (aus der Dose)
300 ml Gemüsebrühe
1–2 TL scharfer Senf
2 EL Rotweinessig
Zucker · Salz
Chiliflocken
je 1 EL Rapsöl und Olivenöl
1 EL Petersilie (frisch geschnitten)

Schuhbeck
empfiehlt:

>> Anstatt Regensburger Würsten können andere Wurstsorten wie Wiener Würstchen oder Lyoner verwendet werden. Die Zwiebeln lassen sich durch rote Zwiebeln ersetzen. Die Kombination der Gemüsesorten können Sie natürlich auch variieren. Ich gebe zum Schluss noch 1 klein geschnittene, entkernte Chilischote zum Salat und würze ihn mit gerösteten Korianderkörnern aus der Gewürzmühle. <<

Die Wurst enthäuten und in Scheiben schneiden. Die Zwiebeln schälen und in Streifen schneiden.

Den Spargel waschen im unteren Drittel schälen und holzige Enden entfernen. Schräg in Stücke schneiden.

Bohnen putzen und in Stücke schneiden. Spargel und Bohnen in Salzwasser 5 bis 6 Min. blanchieren und kalt abschrecken.

Bohnen und Spargel auf einem Sieb abtropfen lassen. Tomaten waschen, trocken tupfen und halbieren.

Radieschen putzen, waschen und in Stücke schneiden. Zucchino putzen, waschen und in Stücke schneiden.

Wurst, Zwiebeln, Spargel, grüne und weiße Bohnen, Tomaten, Radieschen und Zucchino in einer Schüssel mischen.

Für das Dressing die Brühe erhitzen. In einen hohen Rührbecher geben und mit Senf und Essig mischen. Mit Zucker, Salz und Chiliflocken abschmecken.

Mit dem Stabmixer aufmixen. Die beiden Ölsorten ebenfalls untermixen. Das Dressing sollte lauwarm sein.

Das Dressing zum Wurstsalat geben und gut unterrühren. Die Petersilie darüberstreuen. Den Wurstsalat bei Zimmertemperatur 10 Min. ziehen lassen und servieren.

LINSENSALAT

ZUTATEN (4 PERSONEN)

je 50 g gelbe und orangefarbene
Karotte und Knollensellerie
1 Zwiebel · 1 EL Öl
1 Scheibe Bauchspeck (ca. 100 g)
200 g Champagnerlinsen
(eingeweicht)
1 TL Tomatenmark
ca. 400 ml Geflügelbrühe
1 Lorbeerblatt
1 Knoblauchzehe (in Scheiben)
2 Scheiben Ingwer
1 Zimtsplitter
getrockneter Majoran
Chilipulver
4 EL Aceto balsamico
etwas abgeriebene unbehandelte
Zitronen- und Orangenschale
1 EL Petersilie (frisch geschnitten)
2 EL Frühlingszwiebelringe
2 EL gebratene Speckwürfel
je 1 EL mildes Olivenöl und Rapsöl

Schuhbeck
empfiehlt:

» Champagnerlinsen sind kleine hellbraune Linsen, die sehr fein im Geschmack sind. Wenn Sie keine bekommen, nehmen Sie andere braune Linsen. Den Essig erst zum Schluss zu den Linsen geben, sonst bleiben sie hart und zerspringen beim Erhitzen nach einiger Zeit. Für ein italienisches Aroma 50 g schwarze Oliven und 50 g getrocknete Tomaten klein schneiden und unterrühren, mit Oregano würzen. «

Karotten und Sellerie putzen, schälen und in kleine Rauten schneiden. Die Zwiebel schälen und in Würfel schneiden.

Die Zwiebelwürfel in einem Topf im Öl bei milder Hitze andünsten. Den Speck dazugeben. Die Linsen abbrausen.

Die Linsen in den Topf geben und glasig dünsten. Das Tomatenmark unterrühren und etwas mitdünsten.

Das Gemüse unterrühren, kurz mitdünsten und alles mit der Brühe ablöschen.

Das Lorbeerblatt, den Knoblauch, den Ingwer und den Zimt hinzufügen und mit je 1 Prise Majoran und Chilipulver würzen.

Die Linsen knapp unter dem Siedepunkt 20 Min. ziehen lassen, bis die Flüssigkeit etwas aufgesogen ist.

Alles in eine Schüssel geben. Jetzt erst den Essig unterrühren und die Zitronen- und Orangenschale dazugeben.

Die Petersilie, die Frühlingszwiebelringe und die Speckwürfel untermischen.

Das Oliven- und das Rapsöl unter den Linsensalat rühren und den Salat, falls nötig, mit Chilipulver nachwürzen. Den Linsensalat vor dem Servieren 10 Min. ziehen lassen.

ZWEIERLEI KARTOFFELSALAT

ZUTATEN (4 PERSONEN)

Für Kartoffelsalat:

1 kg festkochende Kartoffeln · Salz

½ EL Kümmelsamen

1 kleine Zwiebel

400 ml Geflügel-, Gemüse- oder
Rinderbrühe

3 EL Rotweinessig

1 EL scharfer Senf

Chilipulver

Zucker

Für Kartoffel-Endivien-Salat:

¼ – ½ Kopf Endiviensalat

3–4 Scheiben Speck

3 EL braune Butter (siehe S. 15)

Schuhbeck
empfiehlt:

>> Achten Sie darauf, dass sowohl die Kartoffeln als auch das Dressing
noch warm sind, sonst nehmen die Kartoffeln die Marinade nicht auf.
Je nach Saison können Sie den klassischen Kartoffelsalat mit gebratenen Pfifferlingen oder Steinpilzen, mit Bärlauchstreifen oder anderen
Kräutern mischen. Der Salat ist auch mit Pesto, eingelegtem Kürbis
oder Radieschen ein wahrer Gaumenschmaus. <<

Kartoffelsalat

1 Die Kartoffeln waschen und mit der Schale in einem Topf in Salzwasser mit dem Kümmel weich kochen.

2 Kartoffeln abgießen und möglichst heiß pellen. Kartoffeln in dünne Scheiben schneiden und in eine Schüssel geben.

3 Die Zwiebel schälen und in kleine Würfel schneiden. Zwiebelwürfel in kochendem Salzwasser etwa 2 Min. blanchieren.

4 Die Brühe in einem Topf erhitzen, Essig und Senf unterrühren. Mit Salz und je 1 Prise Chilipulver und Zucker würzen.

5 Brühe in einen Rührbecher gießen. 1 Handvoll Kartoffelscheiben in die Brühe geben und mit dem Stabmixer pürieren.

6 Marinade nach und nach mit den Zwiebelwürfeln unter die warmen Kartoffelscheiben mischen, bis sie vollständig aufgesogen ist. 15 Min. ziehen lassen.

Kartoffel-Endivien-Salat

1 Den Kartoffelsalat, wie oben beschrieben, zubereiten. Den Endiviensalat putzen, waschen und trocken schütteln. Die Salatblätter in Streifen schneiden.

2 Den Speck in Rauter schneiden und dabei die Schwarte entfernen. Die Speckrauten in einer Pfanne auslassen und knusprig braun braten.

3 Die Endiviensalatstreifen locker unter den Kartoffelsalat heben. Die braune Butter hinzufügen und unterrühren. Den Speck dazugeben und ebenfalls untermischen. Den Salat 10 bis 15 Min. ziehen lassen.

MINESTRONE

ZUTATEN (4 PERSONEN)

1 Stange Staudensellerie (geputzt)

80 g feine grüne Bohnen (geputzt)

100 g Weißkohl · ½ Fenchelknolle

je 1 Zwiebel und Karotte (geschält)

je ½ kleiner Zucchino (gelb und grün;
geputzt und gewaschen)

½ dünne Stange Lauch (geputzt)

2–3 Stangen grüner Spargel (geputzt)

2–3 Tomaten · je ¼–½ TL Fenchel-
und Kümmelsamen

1 EL Olivenöl

200 g passierte Tomaten oder –sugo

1 l Gemüsebrühe

1 Lorbeerblatt

1 Knoblauchzehe (in Scheiben)

2 Scheiben Ingwer

1 Stück Parmesanrinde

einige Safranfäden · 1 Gewürznelke

getrockneter Oregano

Muskatnuss · Zimtrinde · Chilipulver

1 EL Mandelblättchen

ca. 4 EL Parmesan

Schuhbeck
empfiehlt:

» Zur Minestrone empfehle ich ein Rucolapesto. Dafür 100 g Rucola, 2 Bund blanchierte Petersilienblätter oder blanchierten Spinat in den Küchenmixer geben. 1 geschälte Knoblauchzehe in Scheiben schneiden. 1 bis 2 EL Mandelblättchen in einer Pfanne ohne Fett anrösten. Beides in den Mixer geben. Mit Pfeffer und Zimt würzen. 80 ml mildes Oivenöl dazugeben und alles mixen. Mit Chilisalz und nach Belieben mit Vanillesalz würzen. 1 EL geriebenen Parmesan untermixen. «

1

Sellerie, Bohnen, Kohl und Fenchel waschen, abtropfen lassen. Alles mit Zwiebel und Karotte in Rauten oder Stücke schneiden.

2

Zucchino, Lauch und Spargel waschen. Das Gemüse schräg in Stücke schneiden.

3

Tomaten kurz blanchieren, abschrecken, enthäuten und entkernen. Das Fruchtfleisch klein schneiden.

4

Fenchel- und Kümmelsamen in einem Topf ohne Fett anrösten. Das Öl in den Topf geben und erhitzen.

5

Zwiebel, Karotte, Sellerie, Bohnen, Kohl und Fenchel dazugeben und glasig dünsten. Die passierten Tomaten dazugeben.

6

Mit der Brühe ablöschen. Lorbeer, Knoblauch, Ingwer und Parmesanrinde dazugeben. Etwa 10 Min. ziehen lassen.

7

Zucchini, Lauch, Spargel und Tomaten ebenfalls dazugeben. Mit Safranfäden, Nelke und Oregano würzen und erneut 5 bis 10 Min. ziehen lassen.

8

Die ganzen Gewürze und die Parmesanrinde wieder entfernen. Muskatnuss und Zimt in die Suppe reiben. Mit 1 Prise Chilipulver würzen.

9

Die Minestrone in Teller verteilen. Mandelblättchen daraufgeben und Parmesan hineingeben. Zum Servieren etwas Pesto (siehe Tipp) daraufgeben.

HÜHNERSUPPE & HÜHNERFRIKASSEE

ZUTATEN (4 PERSONEN)

Für die Hühnersuppe:

4 Hähnchenkeulen · 2 EL Öl

1 Zwiebel (geschält)

1 Stange Staudensellerie (geputzt)

1 Karotte (geputzt und geschält)

2 Scheiben Knollensellerie (geschält)

1 Kerbelwurzel (geputzt und geschält)

1–2 EL getrocknete Champignons

6 Wacholderbeeren · 2 Lorbeerblätter

1 TL schwarze Pfefferkörner

4 Pimentkörner · 2 Gewürznelken

4 Scheiben Ingwer · 4 Petersilienstiele

1 EL Liebstöckel (frisch geschnitten)

frisch geriebene Muskatnuss

Für das Hühnerfrikassee:

½ l Hühnersuppe (siehe oben)

1–2 EL Speisestärke · ½ Zwiebel

1 Lorbeerblatt · 2 Gewürznelken

500 g Sahne · 2 Streifen unbehandelte Zitronenschale · 1 Schuss Sherry

(medium dry) · Chilisalz · Muskatnuss

Schuhbeck
empfiehlt:

» Sie können die Hühnersuppe im Teller auch mit einigen Tropfen Sherry verfeinern. Als Einlagen passen die Nockerln von S. 48–49, die Leberknödel und die Leberspätzle von S. 50–51.

Zum Frikassee servieren Sie am besten Frühlingsgemüse: Dafür z. B. grünen Spargel waschen, putzen und blanchieren, Baby-Karotten schälen und Frühlingszwiebeln putzen und waschen. Das Gemüse in 1 TL Butter andünsten, mit Chilisalz würzen und zum Frikassee reichen. «

Hühnersuppe

Die Hähnchenkeulen waschen und trocken tupfen. In einer Pfanne im Öl auf der Hautseite anbraten.

Die Keulen in einen Topf in 2½ l warmes Wasser legen. Zwiebel in grobe Spalten schneiden, Selleriestange längs halbieren.

Das Gemüse – bis auf die Pilze – in den Topf geben und die Suppe knapp unter dem Siedepunkt 50 bis 60 Min. ziehen lassen.

Nach 20 Min. Garzeit Pilze und ganze Gewürze hinzufügen. 5 Min. vor Ende der Garzeit die Petersilienstiele dazugeben.

Die Keulen herausnehmen und enthäuten. Das Fleisch auslösen und zerkleinern. Das Gemüse herausnehmen. Kerbelwurzel und Karotte in Scheiben schneiden.

Jeweils etwas Gemüse und Fleisch in einen tiefen Teller geben, mit Suppe aufgießen. Mit Liebstöckel bestreuen und Muskatnuss darüberreiben.

Hühnerfrikassee

Die Hühnersuppe in einem Topf einmal aufkochen. Die Stärke mit kaltem Wasser glatt rühren, unter die kochende Suppe mischen und alles 5 bis 6 Min. köcheln lassen.

Die Zwiebel außen mit Lorbeerblatt und Nelken spicken und in den Topf geben. Die Sahne, zerteiltes Hähnchenfleisch und die Zitronenschale hinzufügen und das Frikassee 1 bis 2 Min. ziehen lassen. Den Sherry unterrühren.

Das Fleisch herausnehmen, auf tiefe Teller verteilen. Nach Belieben 1 TL Butter unter die Sauce mixen. Je etwas Sauce über das Fleisch gießen, mit Chilisalz und Muskatnuss würzen und mit Gemüse (siehe Tipp) servieren.

BUTTERNOCKERLN & GRIESSNOCKERLN

ZUTATEN (4 PERSONEN)

Für die Butternockerln:

90 g Toastbrot (ca. 6 Scheiben; entrindet)

60 g weiche Butter

1 Eigelb (Zimmertemperatur)

1 Ei (Zimmertemperatur)

1 TL doppelgriffiges Mehl (Wiener Grießler)

2 TL Hartweizengrieß

Salz · frisch geriebene Muskatnuss

Cayennepfeffer

1 Lorbeerblatt

2 Scheiben Knoblauch

3 Petersilienstiele (gewaschen)

Für die Grießnockerln:

50 g weiche Butter

1 Ei (Zimmertemperatur)

80 g Weichweizengrieß

Salz

frisch geriebene Muskatnuss

Schuhbeck empfiehlt:

» Die Nockerln können bis zum Servieren im Kochsud warm gehalten werden. Damit sie sich an der Oberfläche nicht unschön verfärben, legen Sie einfach ein Blatt Küchenpapier direkt auf die Nockerln: Es saugt sich mit Wasser voll und hält die Nockerln saftig. Dieser Trick funktioniert übrigens auch bei anderen Nockerln und Knödeln. Wenn Sie die Löffel beim Nockerlformen zwischendurch in heißes Wasser tauchen, bekommen die Nockerln eine glatte Oberfläche. «

Butternockerln

Am Vortag das Toastbrot im Küchenmixer zu Bröseln zerkleinern. Auf einem Teller offen über Nacht trocknen lassen.

Am nächsten Tag die Butter schaumig rühren. Nacheinander Eigelb und Ei unterrühren. Mehl, Grieß und Toastbrösel mischen.

Bröselmischung unter die Eiermasse rühren, mit Salz, Muskatnuss und Cayennepfeffer würzen. 10 Min. quellen lassen.

Wasser mit Lorbeer aufkochen, salzen. Knoblauch und Petersilie dazugeben und bis knapp unter den Siedepunkt abkühlen lassen.

Aus der Buttermasse mit zwei nassen Teelöffeln gleichmäßige Nockerln abstechen und in das heiße Wasser legen.

Die Butternockerln darin knapp unter dem Siedepunkt etwa 15 Min. garen, bis sie an die Oberfläche steigen.

Grießnockerln

Die Butter in einer Schüssel hellschaumig schlagen, das Ei hinzufügen und so lange rühren, bis die Masse bindet.

Den Grieß unterrühren und die Masse mit Salz und Muskatnuss würzen. Die Grießmasse bei Zimmertemperatur mindestens 1 Std. quellen lassen.

Salzwasser zum Sieden bringen. Aus der Grießmasse mit zwei nassen Teelöffeln gleichmäßige Nockerln abstechen, in das heiße Wasser legen und am Siedepunkt 15 Min. ziehen lassen.

LEBERKNÖDEL &
LEBERSPÄTZLE

ZUTATEN (4 PERSONEN)

Für die Leberknödel:
½ Zwiebel · 1 EL Öl
ca. 350 g Toastbrot
1 Ei · 1 Eigelb · 1 TL scharfer Senf
300 g Kalbsleber (küchenfertig;
durch den Fleischwolf gedreht)
Salz · Pfeffer aus der Mühle
getrockneter Majoran
frisch geriebene Muskatnuss
1 Msp. abgeriebene unbehandelte
Zitronenschale
1 EL Petersilie (frisch geschnitten)
1 Lorbeerblatt
1 Streifen unbehandelte Zitronenschale

Für die Leberspätzle:
¼ Zwiebel · 1 TL Öl
40 g weiche Butter · 1 Eigelb
1 Eiweiß · 30 g Weißbrotbrösel
50 g doppelgriffiges Mehl
(Wiener Grießler)
100 g Kalbsleber (küchenfertig; durch
den Fleischwolf gedreht)
1 EL Petersilie (frisch geschnitten)
Salz · Pfeffer aus der Mühle
getrockneter Majoran
½ TL abgeriebene unbehandelte
Zitronenschale

Leberknödel

Die Zwiebel schälen, in kleine Würfel schneiden und in einer Pfanne im heißen Öl bei milder Hitze glasig dünsten.

Von dem Toastbrot die Rinde abschneiden. Die Brotscheiben in ½ bis 1 cm große Würfel schneiden und 250 g abwiegen.

Das Ei und das Eigelb mit dem Senf und der Kalbsleber verrühren. Die Zwiebel- und Brotwürfel untermischen.

Die Knödelmasse mit Salz, Pfeffer, 1 Prise Majoran, Muskatnuss und Zitronenschale würzen, die Petersilie unterrühren.

Aus der Knödelmasse mit angefeuchteten Händen 8 kleine Knödel drehen. In einem Topf Salzwasser zum Sieden bringen.

Lorbeer und Zitronenschale in das Kochwasser geben. Knödel darin 8 Min. mehr ziehen als köcheln lassen. Auf Küchenpapier abtropfen lassen.

Leberspätzle

Die Zwiebel schälen, in kleine Würfel schneiden und in einer Pfanne im heißen Öl glasig dünsten. Die Butter in einer Schüssel schaumig schlagen und das Eigelb unterrühren.

Eiweiß, Weißbrotbrösel und Mehl dazugeben. Zwiebel, Leber und Petersilie unterrühren und mit Salz, Pfeffer, 1 Prise Majoran und Zitronenschale würzen. In einem Topf Salzwasser zum Sieden bringen.

Lebermasse mit einer Teigkarte von einem Holzbrett oder mit dem Spätzlehobel in das Wasser hobeln. Wenn die Spätzle nach oben steigen, einmal kurz aufkochen lassen und mit der Schaumkelle herausnehmen.

PICHELSTEINER

ZUTATEN (4 PERSONEN)

ca. 400 g Kalb-, Rind- und
Schweinefleisch (küchenfertig;
aus der Schulter)
1–2 EL Öl
ca. 1 ½ l Gemüse- oder Fleischbrühe
2 festkochende Kartoffeln
2 Karotten
2 Zwiebeln
150 g Knollensellerie
½ Stange Lauch
200 g Weißkohl
80–100 g breite grüne Bohnen
1–2 Lorbeerblätter
1 Knoblauchzehe (in Scheiben)
2 Scheiben Ingwer
getrocknetes Bohnenkraut
Chilipulver oder Cayennepfeffer
je 1 EL Koriander-, Piment- und
schwarze Pfefferkörner, ½ EL Zimtsplitter für die Gewürzmühle
frisch geriebene Muskatnuss
1 EL Petersilie (frisch geschnitten)

Schuhbeck
empfiehlt:

» Je nach Saison können Sie auch andere Gemüsesorten für den Pichelsteiner Eintopf verwenden. Im Original werden Fleisch und Gemüse abwechselnd übereinandergeschichtet. Ich bevorzuge diese Art des Eintopfs, da das Gemüse dann nicht so verkocht. Zur besseren Verdauung des Kohls können Sie noch mit gemahlenem Kümmel würzen. Und wenn Sie den Eintopf sämiger haben möchten, drücken Sie zur Bindung 1 gekochte Kartoffel hinein. «

Fleisch in 1½ cm große Würfel schneiden. Das Öl in einer Pfanne erhitzen und das Fleisch darin portionsweise anbraten.

Fleisch in einen Topf geben, mit der Brühe aufgießen. Etwa 1 Std. knapp unter dem Siedepunkt ziehen, nicht köcheln lassen.

Alles Gemüse putzen, waschen bzw. schälen und klein schneiden. Kohl und Bohnen in Rauten, den Rest in Stücke schneiden.

Das Gemüse zum Fleisch geben. Mit Lorbeerblättern, Knoblauch, Ingwer, Bohnenkraut und 1 Prise Chilipulver würzen.

Nach Bedarf noch etwas Brühe dazugeben. Den Eintopf 30 Min. knapp unter dem Siedepunkt ziehen lassen.

Zum Schluss mit der Mischung aus der Mühle und Muskatnuss würzen. Die Petersilie darüberstreuen.

> Kopfsalatpesto

Als zusätzlichen Geschmackskick können Sie den Eintopf noch mit einem Kopfsalatpesto verfeinern. Dafür 80 g Kopfsalatblätter, 1 Bund blanchierte Petersilienblätter, 1 EL geröstete Mandeln, 1 EL frisch geriebenen Parmesan, 60 ml Olivenöl oder 60 g braune Butter, ½ Knoblauchzehe und einige Spritzer Zitronensaft im Küchenmixer pürieren. Mit Salz abschmecken. Wenn Sie dieses Pesto noch mit gedünsteten Cocktailtomaten mischen, wird daraus eine wunderbare Sauce zu Spaghetti.

RAHMSCHWAMMERL

ZUTATEN (4 PERSONEN)

½ l Gemüsebrühe

3 EL getrocknete Pilze
(z. B. Egerlinge oder Champignons)

1–2 TL Speisestärke

1–2 Lorbeerblätter

einige Streifen unbehandelte
Zitronenschale

150 g Sahne

600 g frische Pilze (z. B. Steinpilze,
Pfifferlinge, Egerlinge, Champignons)

1 Zwiebel

2 EL Öl

einige Petersilienstiele

Salz · Pfeffer aus der Mühle

gemahlener Kümmel

Cayennepfeffer

Schuhbeck
empfiehlt:

›› Wichtig bei Pilzen ist, dass sie beim Garen nicht zu viel Wasser ziehen. Dann verlieren sie an Aroma und Geschmack. Deshalb dürfen Pilze nicht gewaschen, sondern nur mit einem Tuch oder Pinsel trocken abgerieben werden. Beim Braten sollten sie nebeneinander und nicht übereinander in wenig Öl in der Pfanne langsam garen. Falls nötig, portionsweise braten. Zu Rahmschwammerl passen am besten Semmel- oder Brezenknödel (s. A. Schuhbecks Kochschule, S. 68–69). ‹‹

1 Die Brühe aufkochen. Die getrockneten Pilze hineingeben und 20 Min. darin ziehen, nicht köcheln lassen.

2 Durch ein Sieb in einen Topf gießen. Die Brühe aufkochen. Die Pilze beseitestellen und eventuell klein schneiden.

3 Die Stärke mit kaltem Wasser glatt rühren. Unter die Brühe mischen und alles einige Minuten köcheln lassen.

4 Die Lorbeerblätter, die Zitronenschale und die Sahne unterrühren. Nochmals einige Minuten köcheln lassen.

5 Die Pilze putzen, trocken abreiben und, falls nötig, klein schneiden. Die Zwiebel schälen und in Würfel schneiden.

6 Das Öl in einer Pfanne erhitzen. Die Pilze hineingeben, sodass sie nebeneinanderliegen, und bei mittlerer Hitze braten.

7 Die Pilze in der Pfanne schwenken oder wenden. Wenn sie leicht glänzen, die Zwiebel dazugeben und mitdünsten.

8 Die Petersilie waschen, trocken schütteln, die Blätter abzupfen und klein schneiden. Zu den Filzen geben.

9 Die Pilze mit Salz, Pfeffer, Kümmel und 1 Prise Cayennepfeffer würzen. Die gebratenen sowie die getrockneten Pilze in die Sauce geben und servieren.

NUDELN VORKOCHEN &
NUDELN AGLIO E OLIO

ZUTATEN (4 PERSONEN)

Zum Vorkochen:
Meersalz
4 Scheiben Ingwer
1 kleine rote Chilischote (ohne Kerne)
500 g Nudeln (z. B. Tagliatelle)
ca. 3 EL Olivenöl (extra vergine)

Für die Nudeln aglio e olio:
300 ml Geflügelbrühe
6 Knoblauchzehen
3 Scheiben Ingwer
1 kleines Salbeiblatt
3 rote Chilischoten
500 g vorgekochte Nudeln
(siehe oben)
1 Handvoll Petersilienstiele
6 Cocktail- oder Oliventomaten
1 Schuss Olivenöl (extra vergine)
50 g Parmesan (am Stück)

Schuhbeck
empfiehlt:

» Das Kochwasser für die Nudeln wird etwas aromatischer, wenn Sie eine gespickte Zwiebel (siehe S. 77, Step 1 oben) hineingeben. Nudeln nach dem Kochen nicht abschrecken, da sonst der Kleber abgewaschen wird, mit dem sich Nudeln und Sauce verbinden.
Vorgekochte Nudeln können in einem Gefrierbeutel portionsweise eingefroren werden. Statt mit Salbei können Sie die Brühe auch mit 1 Lorbeerblatt aromatisieren. «

Nudeln vorkochen

In einem Topf reichlich Wasser mit Meersalz würzen und zum Kochen bringen. Ingwer und Chili hinzufügen.

Die Nudeln im kocher den Salzwasser etwa 4 Min. unter der auf der Packungsanweisung angegebenen Zeit kochen.

In ein Sieb abgießen und auf einem Backblech verteilen. Das Öl darüberträufeln, alles gut mischen und kühl stellen.

Nudeln aglio e olio

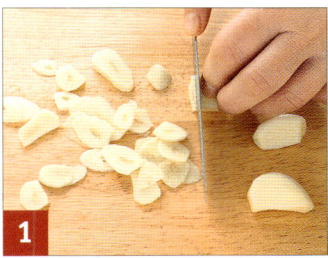

Die Brühe in einer tiefen Pfanne erhitzen. Den Knoblauch schälen, in Scheiben schneiden und in die Brühe geben.

Den Ingwer und den Salbei hinzufügen. Chili längs aufschneiden, entkernen, waschen und in grobe Ringe schneiden.

Chili in die Brühe geben. Nudeln ebenfalls in die Brühe geben und etwa 2 Min. unter gelegentlichem Rühren köcheln lassen.

Die Petersilie waschen, trocken schütteln und nicht zu fein schneiden. Zu den Nudeln in die Pfanne geben.

Die Tomaten waschen, trocken reiben und halbieren oder vierteln. Ebenfalls zu den Nudeln in die Pfanne geben.

Das Öl dazugießen und alles einmal durchschwenken. Den Parmesan über die Nudeln reiben und sofort servieren.

GARNELEN POCHIERT & GEBRATEN

ZUTATEN (2 PERSONEN)

Für die pochierten Garnelen:

10 Riesengarnelen · Salz

3 Stängel Zitronengras

4 Scheiben Ingwer · 2 Lorbeerblätter

1 rote Chilischote

2 Scheiben und 3 Schalenstreifen von

1 unbehandelten Limette

150 g Crème fraîche · 1 Schuss Milch

1 EL süßer Senf · 2 EL Dijon-Senf

1 Spritzer Limettensaft · einige Trop-

fen Cognac · Pfeffer aus der Mühle

einige Basilikumblätter

Für die gebratenen Garnelen:

10 Riesengarnelen · 1 EL Olivenöl

ca. 5 EL braune Butter (siehe S. 15)

12 grüne Kardamomkapseln

2 Zimtrinden

1 ausgekratzte Vanilleschote

1 rote Chilischote · 2 Knoblauchzehen

(in Scheiben) · 3 Scheiben Ingwer

je 1 Streifen unbehandelte Limetten-

und Orangenschale · Salz

Schuhbeck
empfiehlt:

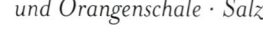

» Den Sud zum Pochieren der Garnelen können Sie auch statt mit Zitronengras und den ganzen Gewürzen mit 2 EL Currypulver aromatisieren. Der Cognac in der Sauce lässt sich durch Orangenlikör oder etwas Orangenschale oder -saft ersetzen. Die Chilischote können Sie durch Cayennepfeffer ersetzen. «

Pochierte Garnelen

1. Garnelen waschen, trocken tupfen und bis zum Schwanz längs einschneiden, den dunklen Darm entfernen (siehe S. 14).

2. In einem Topf Salzwasser auf 80 °C erhitzen. Zitronengras putzen, waschen und in kleine Stücke schneiden.

3. Mit Ingwer und Lorbeerblättern in den Topf geben. Chili waschen und ebenfalls dazugeben.

4. Limettenscheiben und -schale hinzufügen. Die Garnelen dazugeben und in dem Sud 2 Min. ziehen, nicht kochen lassen.

5. Für die Sauce Crème fraîche, Milch, beide Senfsorten, Limettensaft und 1 Prise Salz verrühren. Zuletzt Cognac unterrühren.

6. Garnelen herausnehmen. Sauce auf Teller verteilen, Garnelen darauf anrichten. Salzen, pfeffern, mit Basilikum garnieren.

Gebratene Garnelen

1. Garnelen waschen, trocken tupfen und bis zum Schwanz längs einschneiden, den Darm entfernen (siehe S. 14). In einer Pfanne das Öl erhitzen, die Garnelen darin bei milder Hitze braten.

2. In einer zweiten Pfanne die braune Butter erhitzen. Die ganzen Gewürze hinzufügen und in der Butter bei milder Hitze erwärmen, mit Salz würzen.

3. Die Garnelen wenden und fertig braten. In die Gewürzbutter geben, darin schwenken und etwas ziehen lassen. Auf einem Teller anrichten und mit den Gewürzen servieren.

SAIBLING IN DER FOLIE

ZUTATEN (4 PERSONEN)

4 Saiblinge
(à ca. 300 g; küchenfertig)
Salz · Pfeffer aus der Mühle
einige Petersilienblätter
4 kleine Stiele Fenchelkraut oder Dill
4 EL Olivenöl zum Bestreichen
30 g kalte Butter
4 Scheiben Ingwer
4 Scheiben Knoblauch
4 Scheiben unbehandelte Zitrone
4 Lorbeerblätter

Schuhbeck
empfiehlt:

>> Zu den Saiblingen passen Petersilienkartoffeln und eine Weißwein-
butter. Dafür 1 EL Puderzucker in einem Topf karamellisieren. Mit je
100 ml weißem Portwein und trockenem Weißwein ablöschen und auf
zwei Drittel einköcheln lassen. 100 g kalte Butterstücke untermixen
und je 1 Streifen unbehandelte Zitronen- und Orangenschale darin
2 Min. ziehen lassen. Die Weißweinbutter salzen und pfeffern. <<

1

Die Saiblinge innen und außen unter fließendem kaltem Wasser waschen, trocken tupfen und mit Salz und Pfeffer würzen.

2

Petersilienblätter und Fenchelkraut waschen und trocken tupfen. Den Backofen auf 160 °C vorheizen.

3

Vier Blätter Alufolie mit Öl bestreichen und die Butter in Flöckchen darauf verteilen. Die Saiblinge darauflegen.

4

Ingwer, Knoblauch, Zitronenscheiben, Lorbeerblätter, Petersilienblätter und Fenchelkraut in die Bauchhöhlen verteilen.

5

Die Alufolie über den Fischen zusammenfalten und verschließen. Die Saiblinge im Ofen auf der mittleren Schiene etwa 30 Min. garen.

6

Die Saiblinge aus dem Ofen nehmen, nach Belieben die Folie öffnen und auf vorgewärmten Tellern anrichten oder in der Folie servieren.

> Fisch-Variationen

Statt dem Saibling können Sie natürlich auch jeden anderen Fisch auf diese Weise zubereiten. Durch die Folie bleibt der Fisch besonders saftig, trotzdem sollte er nur so lange wie nötig im Ofen garen.
Zum Servieren kann etwas Zitrusöl über die Fische geträufelt werden: Dafür 6 EL Olivenöl mit je etwas abgeriebener unbehandelter Zitronen- und Orangenschale verrühren.

KARPFEN IN BIERTEIG

ZUTATEN (4 PERSONEN)

je 1 EL Pimentkörner, Kümmelsamen,
Zimtrindensplitter, Wacholderbeeren
und schwarze Pfefferkörner
80 g doppelgriffiges Mehl
(Wiener Grießler)
80 g Speisestärke · ¼ l Bier
800 g Karpfenfilet (ohne Haut)
Salz
70 g Butterschmalz
70 ml Öl
100 g saure Sahne
1 TL scharfer Senf
Zitronensaft
1 EL Schnittlauchröllchen
Salz · Cayennepfeffer · Zucker

Schuhbeck
empfiehlt:

>> Die Speisestärke in der Panade sorgt dafür, dass die Teighülle beim
Ausbacken besonders knusprig wird. Statt Bier können Sie Wein zum
Panieren verwenden. Kabeljau oder andere Fischsorten eignen sich
ebenfalls für diese Art der Zubereitung. Für die Schnittlauchsauce
können Sie statt der sauren Sahne auch Crème fraîche, Joghurt oder
Schmand nehmen. <<

Für die Panade Piment, Kümmel, Zimt, Wacholderbeeren und Pfefferkörner in eine Gewürzmühle füllen.

Mehl mit der Stärke auf einem Teller mischen und mit der Mischung aus der Mühle würzen. Bier in eine Schüssel füllen.

Das Karpfenfilet waschen und mit Küchenpapier trocken tupfen.

Das Fischfilet in 4 bis 5 cm große Stücke schneiden, dabei mit einem scharfen Messer die Gräten entfernen.

Fischstücke mit Salz würzen. Erst in der Mehlmischung wenden, durch das Bier ziehen und zuletzt erneut im Mehl wenden.

Den Paniervorgang noch einmal wiederholen. Das Butterschmalz mit dem Öl in einer tiefen Pfanne erhitzen.

Die panierten Karpfenstücke darin bei milder Hitze portionsweise rundum hellbraun ausbacken. Mit dem Schaumlöffel herausheben und auf Küchenpapier abtropfen lassen.

Für die Sauce die saure Sahne in einer kleinen Schüssel mit dem Senf und 1 EL Zitronensaft verrühren. Den Schnittlauch unterrühren und die Sauce mit Salz und je 1 Prise Cayennepfeffer und Zucker würzen.

Den Karpfen im Bierteig mit Zitronensaft beträufeln, mit der Schnittlauchsauce und einem knackigen gemischten Salat servieren.

LACHSFORELLE IN DER SALZKRUSTE

ZUTATEN (4 PERSONEN)

1 Lachsforelle

(800–1000 g; küchenfertig)

2 Petersilienstiele

1 Scheibe unbehandelte Orange

2 Scheiben unbehandelte Limette

Fenchelsamen

1 kleines Lorbeerblatt

2 Scheiben Knoblauch

½ TL schwarze Pfefferkörner

5 Eiweiß

1 ½ kg grobes Meersalz

3 EL Mehl

3 EL Speisestärke

Schuhbeck empfiehlt:

›› Durch das Garen in der Salzkruste wird der Fisch sehr saftig, zart und aromatisch. Besonders fein schmeckt die Forelle, wenn sie beim Anrichten mit Basilikum-Limetten-Öl beträufelt wird. Dafür 6 bis 8 EL mildes Olivenöl mit 1 bis 2 EL klein geschnittenem Basilikum und 1 TL abgeriebener unbehandelter Limettenschale mischen. Nach Belieben mit Chilisalz würzen. ‹‹

Lachsforelle innen und außen unter fließendem kaltem Wasser waschen, trocken tupfen und die Flossen abschneiden.

Die Petersilie waschen und trocken schütteln. Die Orangerscheibe halbieren.

Beides mit Limettenscheiben, 1 Prise Fenchelsamen, Lorbeerblatt, Knoblauch und Pfefferkörnern in die Bauchhöhle geben.

Den Backofen auf 200 °C vorheizen. Für die Salzkruste die Eiweiße in einer Schüssel schaumig, aber nicht steif schlagen.

Das Meersalz, das Mehl und die Stärke unter die Eiweiße rühren. Ein Backblech mit Backpapier auslegen.

Auf dem Blech aus knapp der Hälfte der Salzmasse einen Sockel in Fischgröße formen.

Den Fisch auf den Salzsockel legen und mit der restlichen Salzmasse bedecken.

Die Lachsforelle im Ofen auf der mittleren Schiene etwa 40 Min. backen.

Die Salzkruste erst am Tisch aufklopfen oder mit einem Brotmesser einen Deckel abschneiden. Die Haut von der Forelle entfernen, die Filets auslösen und auf Teller verteilen.

CHICKEN WINGS &
MANGO-CHUTNEY

ZUTATEN (4 PERSONEN)

Für die Chicken wings:
1 ½ kg Hähnchenflügel
ca. 2 EL Steak- und Grillgewürz
(z.B. von Alfons Schuhbeck)
Olivenöl
Salz · brauner Zucker oder Honig

Für das Mango-Chutney:
1 EL Zimtsplitter
2 Zacken Sternanis
4 grüne Kardamomkapseln
1 TL Pimentkörner
1 große reife Mango
1 Zwiebel (geschält)
1 TL brauner Zucker
1 Spritzer Rotweinessig
ca. 50 ml Weißwein
1 kleine rote Chilischote (in Ringen)
1 ausgekratzte Vanilleschote
1 Knoblauchzehe (in Scheiben)
2–3 Scheiben Ingwer

Schuhbeck
empfiehlt:

» Falls Sie die Gewürzmischung für die Chicken wings selber machen möchten, geben Sie 2 EL Paprikapulver (edelsüß), 1 TL Cayennepfeffer, je ½ TL Kreuzkümmel und Kümmelsamen, je 1 TL Koriander- und gelbe Senfkörner, 2 TL Kurkumapulver, 1 EL schwarze Pfefferkörner, je 1 TL getrockneten Thymian und Oregano, 1 EL gehackten Ingwer, 2 gehackte Knoblauchzehen und 1 TL Zimtsplitter in den Mörser und zerreiben sie. «

Chicken wings

Am Vortag die Hähnchenflügel waschen und trocken tupfen. In eine Schüssel geben.

Die Gewürzmischung in einer Schüssel mit etwa 100 ml Öl gut verrühren und je 1 Prise Salz und braunen Zucker unterrühren.

Die Hähnchenflügel mit der Marinade übergießen.

Die Hähnchenflügel gut mit der Marinade mischen und zugedeckt über Nacht im Kühlschrank ziehen lassen.

Am nächsten Tag den Backofen auf 180 °C vorheizen. Hähnchenflügel auf einem Backblech verteilen, etwas Öl darüberträufeln.

Die Chicken wings im Ofen auf der mittleren Schiene 20 Min. knusprig braun braten.

Mango-Chutney

Für die Gewürzmischung Zimt, Sternanis, Kardamom und Piment in einem Topf ohne Fett anrösten, bis die Gewürze zu duften beginnen. Etwas abkühlen lassen und die Gewürze im Mörser grob zerstoßen.

Mangofruchtfleisch vom Stein schneiden, schälen. Mit der Zwiebel in Würfel schneiden. Braunen Zucker im Topf karamellisieren, Zwiebel darin andünsten. Mit Essig und Wein ablöschen, einköcheln lassen.

Mango und Chili (etwas beiseitelegen), Vanille, Knoblauch, Ingwer und Gewürze zugeben, bei milder Hitze 5 bis 10 Min. einköcheln lassen. Das Chutney durch ein Sieb streichen, übrige Mango und Chili unterrühren.

HÄHNCHENBRUSTFILETS MIT CURRYSAUCE

ZUTATEN (2 PERSONEN)

1 kleine Zwiebel

¼ kleine Ananas

½ Apfel (z. B. Braeburn)

2 EL Öl

1–2 EL Currypulver

3 Vanilleschoten

1 Knoblauchzehe (in Scheiben)

5 Scheiben Ingwer

300 ml Gemüsebrühe

150 ml Kokosmilch

150 g Sahne

2 Stängel Zitronengras

2 kleine rote Chilischoten
(gewaschen und entkernt)

1 EL Speisestärke

2 Hähnchenbrustfilets (ohne Haut)

2 EL Granatpafelkerne

1 EL Frühlingszwiebelringe

je 2 EL Mango- und Ananasstücke

1 EL Olivenöl

1 EL kalte Butter

Schuhbeck
empfiehlt:

›› Sie können das Hähnchen auch einmal durch Poularde, Perlhuhn oder Fasan ersetzen. Wenn Sie die Hähnchenstücke über Nacht in Joghurt mit etwas Zitrone einlegen, werden sie besonders zart. Um zu prüfen, ob die Sauce durch die Speisestärke schon dick genug ist, nehmen Sie am besten 1 EL Sauce ab und tropfen ihn in ein kleines Schüsselchen oder auf einen Teller. So können Sie die Konsistenz der Sauce gut erkennen. ‹‹

Die Zwiebel schälen und in grobe Würfel schneiden. Die Ananas schälen und mit dem Strunk in Stücke schneiden.

Den Apfel waschen und in Stücke schneiden. Zwiebel, Ananas und Apfel in einem Topf in 1 EL Öl bei mittlerer Hitze andünsten.

Den Curry darüberstäuben. Vanille, Knoblauch und Ingwer hinzufügen und kurz mitdünsten. Mit der Brühe ablöschen.

Kokosmilch und Sahne angießen. Zitronengras putzen, waschen und in Ringe schneiden. Die Chilis klein schneiden.

Beides zufügen, die Sauce aufkochen. Stärke mit Wasser glatt rühren, unter die Sauce mischen und etwa 5 Min. köcheln lassen.

Dann die Currysauce durch ein Sieb in einen weiteren Topf gießen, die Zutaten leicht ausdrücken und die Sauce warm halten.

Die Hähnchenbrustfilets waschen, trocken tupfen und in je 3 Stücke schneiden. Das Hähnchenfleisch in 1 EL Öl auf beiden Seiten anbraten. In die Currysauce geben und darin knapp unter dem Siedepunkt etwa 10 Min. ziehen lassen.

Die Granatapfelkerne, die Frühlingszwiebelringe und die Mango- und Ananasstücke in einer Pfanne im Olivenöl kurz anbraten. Das Fleisch aus der Sauce nehmen und auf vorgewärmte Teller verteilen.

Die Currysauce nach Belieben mit Salz und braunem Zucker abschmecken, die Butter hinzufügen. Die Sauce mit dem Stabmixer aufschäumen, auf die Hähnchenbrustfilets verteilen und das Obst und die Frühlingszwiebelringe daraufgeben.

GEFÜLLTES PERLHUHN

ZUTATEN (4 PERSONEN)

1 Perlhuhn oder Poularde (ca. 1,2 kg; ohne Flügel) · Salz · Chilipulver

ca. 120 ml lauwarme Milch · 1 Ei

frisch geriebene Muskatnuss

etwas abgeriebene unbehandelte Zitronenschale

120 g Laugenstange (in Würfeln; ohne Salz)

2 EL Petersilie (frisch geschnitten)

100 g Kalbsbrät (vom Metzger)

1–2 EL Sahne

1 EL getrocknete Totentrompetenpilze (eingeweicht und klein geschnitten)

ca. 50 g Hinterschinken (in Würfeln)

1–2 Zwiebeln · ½ Karotte

80 g Knollensellerie

2 EL Öl

ca. 300 ml Geflügelbrühe

1 Rosmarinzweig · 2 Lorbeerblätter

1 Knoblauchzehe (in Scheiben)

3 Scheiben Ingwer

Pfeffer aus der Mühle

Schuhbeck empfiehlt:

» Für die Füllung kann man statt Schinken auch Hähnchenbrust verwenden. Falls noch etwas von der Füllung übrig bleibt, bereiten Sie sie wie einen Brezenknödel zu. Als Beilage dazu passt in Stangen geschnittenes blanchiertes Gemüse wie Knollen- und Staudensellerie sowie gelbe und orangefarbene Karotten. Statt Perlhuhn können Sie auch Wachteln oder Maishähnchen mit der Füllung zubereiten. «

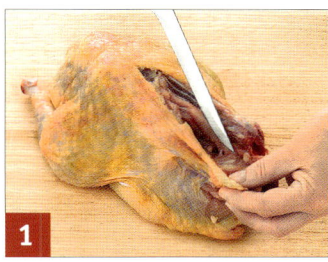

Huhn waschen, trocken tupfen, mit dem Rücken nach oben auf die Arbeitsfläche legen. Entlang des Rückgrats einschneiden.

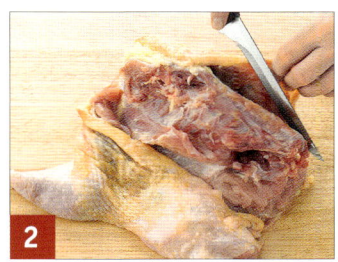

Dabei das Fleisch von der Karkasse und die Keulen aus den Gelenken lösen. Die andere Seite ebenso auslösen.

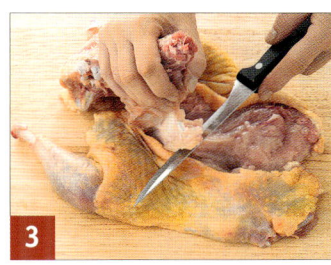

Mit Messer innen am Brustbein entlangfahren, Haut nicht verletzen. Karkasse auslösen. Huhn innen mit Salz, Chili würzen.

Die Karkasse hacken, waschen und im 200 °C heißen Ofen 15 bis 20 Min. rösten. Für die Füllung Milch und Ei verquirlen.

Mit Salz, Chili, Muskatnuss und Zitronenschale würzen. Über die Laugenwürfel gießen und die Petersilie unterrühren.

Das Brät mit der Sahne verrühren. Unter die Füllung mischen und Pilze und Schinken unterrühren. 10 Min. ziehen lassen.

Füllung längs in der Mitte auf dem Huhn verteilen, das Fleisch darüber zusammenklappen, die Enden dabei etwas überlappen. Mit Rouladennadeln der Länge nach feststecken und das Perlhuhn auf den Rücken drehen, in die ursprüngliche Form bringen.

Backofen auf 150 °C vorheizen. Gemüse schälen und in Rauten schneiden. Gemüse und Knochen in der Bratreine im Öl 2 bis 3 Min. anbraten, das Huhn daraufsetzen und die Unterschenkel mit Küchengarn zusammenbinden. Die Brühe angießen.

Das Perlhuhn im Ofen auf der mittleren Schiene 50 bis 60 Min. garen. Nach 20 Min. die ganzen Gewürze dazugeben. Das Huhn aus dem Bräter nehmen, die Nadeln entfernen. Die Sauce durch ein Sieb gießen und etwas einköcheln lassen. Salzen und pfeffern.

SCHWEINEKOTELETT NATUR & PANIERT

ZUTATEN (4 PERSONEN)

Für das Schweinekotelett natur:
4 TL Öl
4 Schweinekoteletts (à ca. 200 g)
1 Schuss Gemüsebrühe · ca. 1 EL Butter
je 1 EL Petersilie und Majoran
(frisch geschnitten)
1 Knoblauchzehe (in Scheiben)
1 Chilischote (geputzt, entkernt und
klein geschnitten) · 2 Scheiben Ingwer
Salz · abgeriebene unbehandelte
Zitronenschale · etwas Zitronensaft

Für das Schweinekotelett paniert:
4 Schweinekoteletts (à ca. 200 g)
Salz · Pfeffer aus der Mühle
2 Eier · 1–2 TL scharfer Senf
abgeriebene unbehandelte Zitronenschale · etwas Zitronensaft
Chilipulver · 80 g Mehl · 80 g Weißbrotbrösel · Öl zum Braten
4 unbehandelte Zitronenspalten

Schuhbeck empfiehlt:

» Das Kotelett natur sollte innen noch leicht rosa sein. Es wird vor dem Braten nicht gesalzen oder gepfeffert, da es sonst zu viel Wasser zieht. Das panierte Schnitzel hingegen kann man vor dem Braten würzen, da es durch die Panade geschützt ist. Zum panierten Kotelett werden Zitronenspalten gereicht: Die Säure regt die Verdauung an. Das Kotelett natur können Sie auch in Streifen schneiden, in der Sauce wenden und auf Salat anrichten. «

Schweinekotelett natur

Den Backofen auf 100 °C vorheizen. Ein Ofengitter auf die mittlere Schiene und darunter ein Abtropfblech schieben.

Das Öl in einer beschichteten Pfanne erhitzen und die Koteletts darin bei mittlerer Hitze auf beiden Seiten anbraten.

Die Schweinekoteletts auf dem Gitter im Ofen 15 Min. rosa durchziehen lassen.

Den Bratensatz mit etwas Brühe ablöschen und in eine Schüssel füllen. Die Butter in der Pfanne zerlassen.

Petersilie, Majoran, Knoblauch, Chili und Ingwer dazugeben. Den Bratenfond und noch etwas Butter hinzufügen.

Die Sauce salzen. Mit Zitronenschale und -saft abschmecken. Die Koteletts hineingeben und in der Sauce wenden.

Schweinekotelett paniert

Schweinekoteletts am Knochen putzen. Den Fettrand entfernen und die Koteletts salzen und pfeffern. Nach Belieben mit 1 Prise Chilipulver würzen.

Eier mit Senf, Zitronenschale, -saft, Salz und 1 Prise Chili verquirlen. Die Koteletts zuerst im Mehl wenden, dann durch die Eiermasse ziehen und mit Weißbrotbröseln panieren. Nicht zu fest andrücken.

Das Öl fingerhoch in eine Pfanne geben und erhitzen. Die Koteletts darin auf beiden Seiten etwa 5 Min. braun und kross braten. Auf Küchenpapier abtropfen lassen. Mit Zitronenspalten servieren.

FINGERNUDELN &
KARTOFFELGRATIN

ZUTATEN (4 PERSONEN)

Für die Fingernudeln:
600 g mehlig kochende Kartoffeln
Salz · 1 TL Kümmelsamen
2 EL braune Butter (siehe S. 15)
2 Eigelb · 60 g doppelgriffiges Mehl
(Wiener Grießler) · 60 g Speisestärke
frisch geriebene Muskatnuss
Mehl für die Arbeitsfläche

Für das Kartoffelgratin:
1 EL Butter für die Form
400 g Sahne
1 Knoblauchzehe (geschält und
halbiert) · 2 Scheiben Ingwer
1 Streifen unbehandelte Zitronenschale
1 Thymianzweig
Salz · Pfeffer aus der Mühle
frisch geriebene Muskatnuss
1 kg mehlig kochende Kartoffeln

Schuhbeck
empfiehlt:

» Die Fingernudeln sind fertig, wenn sie an die Oberfläche steigen. Nach dem Abtropfen brät man sie am besten in einer Pfanne in 1 EL Öl bei mittlerer Hitze rundum goldbraun. Mit Salz und Pfeffer würzen, 2 EL Butter hinzufügen und die Fingernudeln darin wenden. Noch würziger wird das Kartoffelgratin, wenn man es zusätzlich mit 1 Prise Oregano würzt. «

Fingernudeln

Kartoffeln waschen, in Salzwasser mit Kümmel weich kochen. Abgießen, heiß pellen und durch die Kartoffelpresse drücken.

30 Min. abkühlen lassen. 500 g Kartoffeln abwiegen, mit brauner Butter und Eigelben verrühren. Mehl und Stärke mischen.

Über die Kartoffelmasse sieben und mit den Händen unterkneten. Den Teig mit Salz und Muskatnuss würzen und dritteln.

Teigdrittel auf der Arbeitsfläche mit etwas Mehl zu Rollen à 1 cm Ø formen und diese in ca. 3 cm lange Stücke schneiden.

Die Teigstücke mit leicht bemehlten Händen zu etwa 7 cm langen Nudeln mit spitzen Enden formen.

In siedendem Salzwasser 5 Min. ziehen lassen. Einmal aufkochen, herausheben und auf Küchenpapier abtropfen lassen.

Kartoffelgratin

Eine ofenfeste Form mit Butter einfetten. Die Sahne in einem Topf aufkochen und vom Herd nehmen. Knoblauch, Ingwer, Zitronenschale und Thymian in die Sahne geben und 5 Min. darin ziehen lassen.

Den Backofen auf 180 °C vorheizen. Die ganzen Gewürze wieder entfernen und die Sahne mit Salz, Pfeffer und Muskatnuss würzen. Die Kartoffeln schälen, waschen und in 2 mm dicke Scheiben hobeln.

Die Kartoffelscheiben mit der Sahne mischen und in die Form füllen. Das Kartoffelgratin im Ofen auf der mittleren Schiene etwa 40 Min. goldbraun backen.

SCHWEINSHAXEN
GEGRILLT & G'SURT

ZUTATEN (4 PERSONEN)

Für die gegrillten Haxen:
1 Zwiebel · 1 Lorbeerblatt
3 Gewürznelken · Salz
4 hintere Schweinshaxen
(à ca. 1 ½ kg)
1 TL schwarze Pfefferkörner
1 TL Kümmelsamen

Für die g'surten Haxen:
4 gepökelte Schweinshaxen
(à ca. 1 ½ kg)
1 Petersilienwurzel
2 Karotten
1 Sellerieknolle
1 Zwiebel · 1 Stange Lauch
2–3 Lorbeerblätter
einige Wacholderbeeren
1–2 TL schwarze Pfefferkörner
4–5 Gewürznelken
1 Spritzer Weißweinessig
1 TL Zucker

Schuhbeck
empfiehlt:

» Damit das Gemüse im Topf mit dem Eisbein nicht so leicht zerfällt, gebe ich etwas Essig dazu. Zur g'surten Haxe passen Erbsen- und Kartoffelpüree, Salat, Sauerkraut und eine Meerrettichsauce. Sie können auch das Gemüse dazu servieren. Aus dem Kochsud lässt sich eine Kräutersauce zubereiten: Dafür etwas Sud mit gehackten Kräutern mit dem Stabmixer pürieren und 1 EL kalte Butter unterrühren. «

Gegrillte Schweinshaxen

Die Zwiebel schälen, mit dem Lorbeerblatt belegen und mit den Gewürznelken feststecken. Reichlich Salzwasser aufkochen.

Die Haxen mit Zwiebel, Pfeffer und Kümmel darin zugedeckt 1½ Std. knapp unter dem Siedepunkt ziehen lassen.

Den Backofen auf 200 °C (Umluft) vorheizen. Ein Ofengitter auf die mittlere Schiene, darunter ein Abtropfblech schieben.

Die Haxen auf das Ofengitter legen und im Ofen 1 Std. rundum kross braten.

Die Haxen aus dem Ofen nehmen. Auf einem Brett mit einem Sägemesser am Knochen entlang einschneiden.

Den Knochen durch Drehen auslösen. Das Fleisch in Portionen schneiden. Dazu passt Krautsalat mit Speck.

G'surte Schweinshaxen

Die Haxen in einen Topf mit reichlich heißem Wasser geben und 1½ Std. offen ziehen, nicht kochen lassen. Petersilienwurzel, Karotten, Sellerie und Zwiebel schälen. Lauch putzen, waschen, alles in Stücke schneiden.

Alles mit Lorbeerblättern, Wacholderbeeren, Pfeffer und Nelken in den Topf geben. Essig und Zucker unterrühren. Die Haxen darin knapp unter dem Siedepunkt 1 Std. ziehen lassen.

Die Haxen mit dem Sieblöffel herausnehmen und abtropfen lassen. Mit einem scharfen Messer am Knochen längs einschneiden. Den Knochen aus dem Fleisch herausdrehen. Das Fleisch klein schneiden.

SAUERKRAUT

ZUTATEN (4 PERSONEN)

1 große Zwiebel

1 EL Öl

800 g Sauerkraut (aus der Dose)

100 ml Weißwein

400 ml Gemüsebrühe

1 Stück Speckschwarte oder 1 dicke
Scheibe durchwachsener Speck

5 schwarze Pfefferkörner

2 Wacholderbeeren
(leicht angedrückt)

1 Lorbeerblatt

2 EL Apfelmus (aus dem Glas)

1 EL Butter

Salz · Cayennepfeffer

Zucker

Schuhbeck
empfiehlt:

» Das Apfelmus gebe ich erst gegen Ende der Garzeit dazu, dann legt
das Kraut am Topfboden nicht so leicht an. Apfelmus bringt eine fruch-
tige Note ins Kraut und gibt ihm eine leichte Bindung.
Sauerkraut passt sehr gut zur g'surten und gebratenen Schweinshaxe
und zu Rostbratwürsteln. Champagnerkraut harmoniert mit Wild-
geflügel wie Fasan, das Kokos-Curry-Kraut schmeckt zu Hähnchen. «

Die Zwiebel schälen und in kleine Würfel schneiden. Das Öl in einem Topf erhitzen und die Zwiebel darin glasig dünsten.

Das Sauerkraut dazugeben und kurz mitdünsten. Mit Wein ablöschen und diesen fast vollständig einkochen lassen.

Die Brühe dazugießen und den Speck hinzufügen. Das Sauerkraut bei milder Hitze etwa 45 Min. garen.

Pfeffer, Wacholderbeeren und Lorbeerblatt in ein Gewürzsäckchen oder Einwegteebeutel füllen und verschließen.

Nach 30 Min. Garzeit das Apfelmus unter das Sauerkraut rühren und das Gewürzsäckchen dazugeben.

Am Garzeitende das Gewürzsäckchen entfernen. Die Butter unterrühren. Kraut mit Salz, Cayennepfeffer und Zucker würzen.

> Kraut-Variationen

Für Rahmkraut das Sauerkraut, wie oben beschrieben, zubereiten. Am Ende der Garzeit 50 g Sahne und 3 EL Butter unterrühren.
Für Champagnerkraut ersetzen Sie den Weißwein durch Champagner.
Für Kokos-Curry-Kraut das Sauerkraut mit $1/4$ l Gemüsebrühe und 150 g Kokosmilch (aus der Dose) zubereiten. Mit 1 bis 2 TL Currypulver würzen.

BAYERISCHES KRAUT

ZUTATEN (4 PERSONEN)

1 Zwiebel

1 kg junger Weißkohl

2 TL Puderzucker

1 Scheibe Bauchspeck (½–1 cm dick)

50 ml naturtrüber Apfelsaft

80 ml trockener Weißwein

ca. 100 ml Gemüsebrühe

gemahlener Kümmel oder Kümmel-

samen

getrockneter Majoran

1–2 EL Petersilie (frisch geschnitten)

etwas abgeriebene unbehandelte

Zitronenschale

1 EL braune Butter (siehe S. 15) oder

Butter

Salz · Cayennepfeffer

Schuhbeck
empfiehlt:

›› Das Bayerische Kraut passt wunderbar zu Dampfnudeln, Schweine-braten oder Fisch. Falls einmal etwas übrig beiben sollte, schmeckt das Kraut auch am nächsten Tag aufgewärmt noch sehr gut.
Statt der Scheibe Bauchspeck können Sie auch etwa 50 g durchwachsenen Speck in kleine Würfel schneiden, die Schwarte entfernen und knusprig braten. Die Speckwürfel dann mit der Petersilie zum Kraut geben. ‹‹

Die Zwiebel schälen und in grobe Rauten schneiden. Den Weißkohl putzen und die äußeren Blätter entfernen.

Den Kohl in die einzelnen Blätter zerteilen, die Blattrippen herausschneiden und die Blätter in Rauten schneiden.

Puderzucker in einem Topf hell karamellisieren. Zwiebelrauten darin andünsten, Speck dazugeben, kurz mitdünsten.

Das Kraut hinzufügen und ebenfalls etwas mitdünsten. Mit Saft und Wein ablöschen und etwas einköcheln lassen.

Die Brühe angießen, das Kraut mit je 1 Prise Kümmel und Majoran würzen und zugedeckt etwa 10 Min. dünsten.

Den Speck entfernen. Die Petersilie, die Zitronenschale und die braune Butter unterrühren. Das Bayerische Kraut mit Salz und Cayennepfeffer würzen.

> ## Bayerisches Kraut mit Quitte

Sehr gut schmeckt auch Bayerisches Kraut mit Quitte. Dafür 1 Quitte schälen, vierteln, entkernen und in 1/2 cm große Würfel schneiden. Mit dem geschnittenen Kraut in den Topf geben und, wie oben beschrieben, fertigstellen.
Für Bayerisches Kraut mit Birnen ersetzt man die Quitte durch nicht allzu weiche Birnen.

Krautwickerl

Zutaten (4 Personen)

4 große Blätter Weißkohl · Salz

50 g Toastbrot (entrindet)

100 ml Milch

1 kleine Zwiebel

1 EL Butter

1 Ei · 1 TL scharfer Senf

abgeriebene Schale von ½ unbehandelten Zitrone

200 g Kalbshackfleisch

200 g Schweinehackfleisch

Pfeffer aus der Mühle

getrockneter Majoran

1 EL Petersilie (frisch geschnitten)

1 EL Öl

150 ml Geflügelbrühe

1 Knoblauchzehe (in Scheiben)

1 Streifen unbehandelte Zitronenschale

1 EL kalte Butter

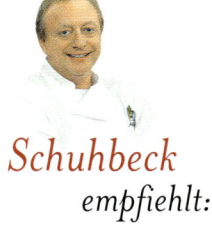

Schuhbeck
empfiehlt:

》 Sie können auch einen ganzen Kohlkopf nehmen (den Rest ander-
weitig verwenden, z. B. für Bayerisches Kraut siehe S. 80–81) und
den Kopf mit einer Fleischgabel einige Minuten in kochendes Wasser
tauchen. So lassen sich die Blätter leicht ablösen.
Würzen Sie die Sauce mit Piment-, Koriander- und Pfefferkörnern sowie
Zimtrinde aus der Gewürzmühle. 《

Die Kohlblätter in Salzwasser 2 Min. blanchieren. Kalt abschrecken und trocken tupfen. Die Strünke herausschneiden.

Das Toastbrot in Würfel schneiden und in der Milch einweichen. Die Zwiebel schälen und in kleine Würfel schneiden.

Die Zwiebel in einer Pfanne in der Butter glasig dünsten. Das Ei mit dem Senf und der Zitronenschale verquirlen.

Beide Hackfleischsorten mit dem eingeweichten Brot, der Zwiebel und den Eiern mischen. Mit Salz, Pfeffer, Majoran und Petersilie würzen.

Je ein Viertel der Hackfüllung auf ein Kohlblatt setzen. Die Längsseiten der Blätter einschlagen und die Blätter von der schmalen Seite aufrollen. Mit Küchengarn festbinden.

Die Krautwickerl in einer Pfanne im Öl rundum anbraten. Die Brühe dazugießen und die Krautwickerl zugedeckt 30 Min. darin schmoren. Die Sauce mit Majoran, Knoblauch und Zitronenschale aromatisieren. Mit der kalten Butter binden.

> Krautwickerl mit Tomatensauce

Sie können die Krautwickerl auch in einer Tomatensauce schmoren: Dafür die angebratenen Rouladen aus der Pfanne nehmen und den Bratensatz mit Brühe ablöschen. Je 1 Karotte, Zwiebel und 1/2 Knoblauchzehe schälen und in Würfel schneiden. In 1 EL Öl andünsten und 1 TL Tomatenmark unterrühren. Den abgelöschten Bratensatz und 200 g passierte Tomaten dazugeben. Die Krautwickerl hinzufügen und zugedeckt 30 Min. schmoren lassen. Die Sauce mit Salz, Zucker und Cayennepfeffer würzen.

Cordon bleu

Zutaten (4 Personen)

4 Kalbsschnitzel (à 140 g)

Öl für die Folie

Chilisalz (aus dem Gewürzladen)

4 kleine Scheiben Emmentaler

4 Scheiben gekochter Schinken

(à 30 g)

2 Eier

1 EL geschlagene Sahne

etwas abgeriebene unbehandelte

Zitronenschale

1 Spritzer Zitronensaft

Chilipulver

frisch geriebene Muskatnuss

80 g doppelgriffiges Mehl

(Wiener Grießler)

200 g Weißbrotbrösel

ca. 100 ml Öl

4 unbehandelte Zitronenspalten

Schuhbeck empfiehlt:

» Dazu passen Salat und Gemüse. Die Weißbrotbrösel schmecken am besten, wenn Sie sie selber reiben. Falls Ihnen dafür die Zeit fehlt, gibt es beim Bäcker schon fertige handgeriebene Brösel zu kaufen. Statt der Schinken-Käse-Füllung können Sie die Schnitzel auch einmal mit gebratenen Pilzen, Topfen oder gemischten Kräutern füllen. Oder Sie ersetzen den Emmentaler durch eine andere Käsesorte, z. B. Gorgonzola. «

Die Kalbsschnitzel zwischen zwei Lagen geölter Frischhaltefolie hauchdünn klopfen und leicht mit Chilisalz würzen.

Je 1 Scheibe Käse in 1 Scheibe Schinken einschlagen und auf eine Schnitzelhälfte legen.

Das Fleisch darüber zusammenklappen – die Schinken-Käse-Füllung sollte innerhalb der Schnitzelränder sein.

Die Eier in einem tiefen Teller mit Sahne, Zitronenschale und -saft, 1 Prise Chilipulver und Muskatnuss mit einer Gabel verquirlen. Mehl und Weißbrotbrösel jeweils in tiefe Teller geben.

Die gefüllten Kalbsschnitzel zuerst im Mehl, dann in der Eiermischung und zuletzt in den Weißbrotbröseln wenden. In einer Pfanne bei mittlerer Hitze reichlich Öl erhitzen.

Die Schnitzel darin auf beiden Seiten jeweils etwa 3 Min. goldbraun braten. Die Schnitzel herausnehmen und auf Küchenpapier abtropfen lassen. Nach Belieben salzen und mit Zitronenspalten servieren.

> ## Münchner Schnitzel

Für ein Münchner Schnitzel die Kalbsschnitzel mit je 50 g Weißwurstbrät (vom Metzger) füllen, zusammenklappen und, wie oben beschrieben, panieren und ausbacken. Zum Braten der Schnitzel ist es besonders wichtig, dass reichlich Öl verwendet wird. Dazu eignet sich neutrales Öl oder Butterschmalz. Ich brate gerne in Öl und gebe am Ende der Garzeit noch 1 EL Butter dazu.

KALBSLEBER VENEZIANISCHE ART

ZUTATEN (4 PERSONEN)

2 weiße Zwiebeln

2 Birnen

600 g Kalbsleber (küchenfertig)

5 EL doppelgriffiges Mehl
(Wiener Grießler)

2 EL Olivenöl

100 g Cocktail- oder Oliventomaten

je 1 Handvoll grüne und schwarze
Oliven (entsteint)

1–2 Lorbeerblätter

Cayennepfeffer · Salz

1 TL Puderzucker

1 Schuss Aceto balsamico

2 cl Marsala oder Rotwein

1 Schuss Geflügelbrühe (ca. 80 ml)

getrockneter Oregano

1 Salbeiblatt

1 Knoblauchzehe (in Scheiben)

1 Msp. Fenchelsamen

1 EL Butter

Schuhbeck
empfiehlt:

>> Leber wird erst nach dem Braten gesalzen, da sie sonst hart und zäh wird. Lassen Sie bei der Aromatisierung des mediterranen Gemüses Ihrer Fantasie freien Lauf. Exotisch wird es, wenn Sie Lavendelblüten daraufstreuen. Aber auch andere Gewürze wie Thymian, Rosmarin oder Basilikum geben dem Ganzen einen Hauch von Mittelmeer. Probieren Sie im Winter mal Granatapfelkerne dazu. Als Beilage zur Leber auf venezianische Art passt Polenta, für die Berliner Art Kartoffelpüree. <<

1

Zwiebeln schälen und in grobe Würfel schneiden. Birnen waschen, trocken tupfen, entkernen und klein schneiden.

2

Die Leber von beiden Seiten im Mehl wenden. 1 EL Öl in einer Pfanne erhitzen und die Leber darin auf beiden Seiten braten.

3

Die Tomaten waschen, trocken tupfen und halbieren. Die Zwiebeln in einer zweiten Pfanne im restlichen Öl anbraten.

4

Die Oliven sowie Tomaten, Lorbeerblätter und Birnen dazugeben und kurz mitdünsten. Das Gemüse mit Cayennepfeffer und Salz würzen.

5

Die Leber aus der Pfanne nehmen und auf Küchenpapier abtropfen lassen. Puderzucker in die Pfanne stäuben und karamellisieren. Den Bratensatz mit Essig ablöschen.

6

Marsala sowie Brühe dazugeben. Mit Oregano, Salbei, Knoblauch, Fenchel und Salz würzen. Die Butter darin zerlassen und die Leber in der Sauce wenden. Mit dem Gemüse anrichten.

> Kalbsleber Berliner Art

Für Leber Berliner Art braten Sie die Leber, wie oben beschrieben, in der Pfanne. Zwiebeln schälen, in Ringe schneiden und in der Pfanne in Öl anbraten, bis sie leicht braun sind. Apfelwürfel dazugeben und mitdünsten. Herausnehmen. Butter zerlassen, etwas Puderzucker darüberstäuben und 1 Apfel in Spalten darin karamellisieren. Zwiebeln dazugeben. Leber mit Zwiebeln anrichten. Die Sauce, wie in Step 5 und 6 beschrieben, zubereiten (ohne die Gewürze) und darüberträufeln.

TOMATEN HÄUTEN &
OFENTOMATEN

ZUTATEN

Zum Häuten:
4–5 Tomaten

Für die Ofentomaten:
ca. 9 gehäutete Tomatenfilets
1 TL Puderzucker
1 großer Schuss Olivenöl
3 Rosmarinzweige

Schuhbeck
empfiehlt:

» Die Ofentomaten eignen sich hervorragend als Beilage zu gebratenem Fisch oder Fleisch.
Oder Sie mischen sie unter andere Gemüsesorten wie z. B. Artischocken, Spinat oder grüne Bohnen. Die Kerne und Häute können Sie übrigens z. B. für eine Tomatensauce verwenden. «

Tomaten häuten

1

Von den Tomaten den Stielansatz herausschneiden und die gegenüberliegenden Seiten kreuzweise einritzen.

2

Die Tomaten ½ bis 1 Min. in siedendes Wasser legen. Mit dem Schaumlöffel herausnehmen und eiskalt abschrecken.

3

Die Haut vorsichtig abziehen und die Tomaten vierteln. Nach Belieben die Kerne und die Innenwände entfernen.

Ofentomaten

1

Den Backofen auf 100 °C vorheizen. Tomatenfilets mit der runden Seite nach oben auf einen ofenfesten Teller legen und mit dem Puderzucker bestäuben.

2

Das Öl darüberträufeln. Rosmarin waschen, trocken schütteln und zwischen die Tomatenfilets auf den Teller legen.

3

Die Tomatenfilets im vorgeheizten Ofen auf der mittleren Schiene etwa 1 Std. trocknen.

> Kleine Tomatenschule

Sie können die gehäuteten Tomatenfilets auch in etwas Olivenöl andünsten und mit Rosmarin und Knoblauch aromatisieren. Sie passen gut z. B. zu Steak oder gebratenem Fisch. Oder Sie bereiten aus den Ofentomaten einen lauwarmen Tomatensalat zu. Dafür nach dem Garen den Rosmarin entfernen und durch Basilikum ersetzen und z. B. mit Kapern und Perlzwiebeln dekorieren. Den Salat servieren Sie am besten mit Weißbrot. Die Ofentomaten halten sich in einem Glas mit Olivenöl bedeckt im Kühlschrank übrigens etwa 3 Wochen.

TIROLER GRÖSTL

ZUTATEN (4 PERSONEN)

500 g gegarte festkochende Kartoffeln
(gepellt und ausgekühlt)

½–1 EL Öl

ca. 5 EL braune Butter (siehe S. 15)

4 Eier · 1 kleine Zwiebel

150 g breite Bohnen (geputzt und
blanchiert) · 2 Debreczinerwürste

400 g gegartes Rindfleisch
(1–2 Scheiben; abgekühlt)

8–10 Cocktailtomaten (gewaschen)

100–150 g kleine Pfifferlinge
(geputzt)

½–1 Knoblauchzehe (in Scheiben)

2 Scheiben Ingwer

1 kleine rote Chilischote (gewaschen
und nach Belieben entkernt)

gemahlener Kümmel · getrockneter
Majoran · etwas abgeriebene unbehandelte Zitronenschale

Salz · Pfeffer aus der Mühle

einige Streifen Speck (ausgelassen)

2 EL Petersilie (frisch geschnitten)

Schuhbeck
empfiehlt:

» Für die Bratkartoffeln sollten Sie nicht zu viele Kartoffeln in die
Pfanne geben, damit sie schön knusprig braten. Sie können das Spiegelei natürlich auch ohne den Ring in einer kleinen Pfanne braten. Statt
dem Spiegelei können Sie das Ei auch direkt über das Gröstl in die
Pfanne schlagen und unter Rühren mitbraten. Ersetzen Sie das Rindfleisch doch einmal durch Kalb-, Schweine- oder Lammfleisch. «

1

Die Kartoffeln in Scheiben schneiden und in einer großen Pfanne im Öl portionsweise goldbraun und knusprig braten.

2

In einer Pfanne je 1 EL braune Butter erhitzen und je 1 Ei im Metallring darin bei milder Hitze langsam braten.

3

Die Zwiebel schälen und in grobe Würfel schneiden. Die Bohnen in 1/2 bis 1 cm breite Stücke schneiden.

4

Debrecziner in 1/2 bis 1 cm dicke Scheiben schneiden. Rindfleisch erst in 1/2 cm dicke Scheiben, dann in 2 cm große Stücke schneiden. Tomaten halbieren.

5

Zwiebel und Pilze in einer Pfanne in 1 EL brauner Butter mit Knoblauch und Ingwer glasig dünsten. Chili dazugeben. Bohnen, Würste, Fleisch, Tomaten hinzufügen und mitdünsten.

6

Mit je 1 Prise Kümmel und Majoran, Zitronenschale, Salz und Pfeffer würzen. Die Bratkartoffeln untermischen, mit Speck und Petersilie bestreuen und die Spiegeleier obenauf setzen.

> ## Gröstl-Variationen

Sie können unter das Gröstl auch noch geviertelte Champignons und Essiggurkenscheiben rühren. Falls Sie noch Braten- oder Kalbssauce haben, können Sie am Schluss noch einige Esslöffel davon unter das Gröstl rühren – so wird es glasiert und schmeckt noch saftiger. Statt Kartoffeln eignen sich auch Semmel- oder Kartoffelknödel für das Pfannengericht: Einfach in Scheiben schneiden und wie die Kartoffeln anbraten.

STEAKS BRATEN

ZUTATEN (4–6 PERSONEN)

Für Minutensteaks:
1 Rinderfilet (1 kg; Mittelstück,
küchenfertig)
1–2 EL Öl
60–100 ml Gemüsebrühe
2 Rosmarinzweige (gewaschen)
1 Knoblauchzehe (in Scheiben)
3 Scheiben Ingwer
je 1 Streifen unbehandelte Zitronen-
und Orangenschale
2 rote Chilischoten (gewaschen)
1–2 TL Butter

Für dicke Steaks:
1 Rinderfilet (1 kg; Mittelstück,
küchenfertig)
1–2 EL Öl
Salz · Pfeffer aus der Mühle

Schuhbeck
empfiehlt:

›› Zu dem dicken Steak passen alle Gemüsesorten oder auch Bratkartoffeln. Das Rindfleisch können Sie natürlich auch durch Lamm, Kalb oder Wild ersetzen, und statt Filet eignet sich Lende.
Zum Anbraten der Steaks erhitze ich die Pfanne relativ stark bei etwa drei Viertel der maximalen Temperatur. Die Steaks auf einer Seite anbraten, bis an der Oberfläche der Fleischsaft austritt, dann erst wenden. ‹‹

Minutensteaks

Aus dem Rinderfilet 1 bis 1½ cm dicke Scheiben (Filets) schneiden. Wenig Öl in einer Pfanne erhitzen.

Filets auf beiden Seiten bei mittlerer Hitze braten und auf einen vorgewärmten Teller legen. Bratensatz mit Brühe ablöschen.

Kräuter und Gewürze zufügen und die Butter darin schmelzen lassen. Ausgetretenen Steaksaft hinzufügen und die Steaks in der Gewürzbutter wenden.

Dicke Steaks

Aus dem Rinderfilet etwa 3 cm dicke Scheiben (Medaillons) schneiden. Wenig Öl in einer Pfanne erhitzen.

Medaillons auf beiden Seiten bei mittlerer Hitze kurz anbraten, dann auf die Ränder stellen und ebenfalls rundum kurz anbraten.

Die Medaillons auf dem Ofengitter im auf 100 °C vorgeheizten Ofen auf der mittleren Schiene 50 Min. garen. Mit Salz und Pfeffer würzen.

> Rinderfilet im Ganzen

Für rosa Rinderfilet im Ganzen den Backofen auf 100 °C vorheizen. 800 g Rinderfilet (Mittelstück) in einer Pfanne in 1 bis 2 TL Öl bei milder Hitze anbraten. Auf ein Ofengitter auf die mittlere Schiene geben und darunter ein Abtropfblech schieben. Das Rinderfilet im Ofen etwa 2 Std. rosa durchziehen lassen. Herausnehmen, mit Salz und Pfeffer würzen.

DREIERLEI BUTTER

ZUTATEN (4 PERSONEN)

Für Rotweinbutter:

1 TL Puderzucker

100 ml kräftiger Rotwein

100 ml Portwein

100 g sehr kalte Butter (in Stücken)

Salz · Pfeffer aus der Mühle

Für Zitronen–Orangen–Butter:

4 EL Butter · ½ Knoblauchzehe

je 1 unbehandelte Zitrone und Orange

1 Scheibe Ingwer

Für Kräuterbutter:

1 Schalotte

4 EL Butter

1 Knoblauchzehe

1–2 EL Kräuterblätter (z.B. Dill,

Petersilie, Basilikum, Kerbel)

1 Scheibe Ingwer

1 Streifen unbehandelte Zitronenschale

Schuhbeck empfiehlt:

›› Die Rotweinbuttersauce passt zu kurz gebratenem Rindfleisch sowie zu Fischfilets wie Seeteufel oder Zander.
Die Zitronen-Orangen-Butter passt sehr gut zu Kurzgebratenem, Garnelen und Fisch. Ebenso gut schmeckt dazu Korianderbutter. Dafür 1 TL Korianderkörner in einer Pfanne ohne Fett anrösten. Die Butter darin zerlassen und Knoblauch, Ingwer und Orangenschale darin ziehen lassen. Kräuterbutter schmeckt hervorragend zu Kurzgebratenem. ‹‹

Rotweinbutter

Den Puderzucker durch ein Sieb in einen Topf stäuben und bei mittlerer Hitze karamellisieren.

Rotwein und Portwein dazugeben und auf ein Drittel einkochen lassen.

Die Butterstücke nacheinander unter ständigem Rühren in die Sauce geben. Rotweinbutter mit Salz und Pfeffer abschmecken.

Zitronen-Orangen-Butter

Die Butter in einer Pfanne bei milder Hitze zerlassen.

Knoblauch schälen. Zitrone und Orange heiß waschen, trocken reiben und je 1/2 bis 1 TL Schale fein abreiben.

Knoblauch und Ingwer sowie die Zitrusschale in die Butter geben und 3 bis 4 Min. darin ziehen lassen.

Kräuterbutter

Schalotte schälen und in kleine Würfel schneiden. 1 EL Butter in einer Pfanne erhitzen und die Schalotte darin glasig dünsten.

Den Knoblauch schälen und in Scheiben schneiden. Die Kräuterblätter waschen und trocken schütteln.

Restliche Butter mit Knoblauch, Ingwer, Zitronenschale und Kräutern in die Pfanne geben. 3 bis 4 Min. ziehen lassen.

GEMISCHTER FILETSPIESS

ZUTATEN (4 PERSONEN)

500 g Schweine-, Kalbs- oder
Rinderfilet
(in 2 ½ cm großen Würfeln)
16 Cocktailtomaten (gewaschen)
je 1 Zwiebel und rote Paprikaschote
(in 2–2 ½ cm großen Stücken)
1 kleiner Zucchino (in Scheiben)
1 TL Puderzucker
1 TL Tomatenmark
⅛ l Rotwein
½–1 TL Speisestärke
ca. ⅛ l Geflügelbrühe
1–2 kleine Lorbeerblätter
1 Rosmarinzweig (gewaschen)
1 Knoblauchzehe (in Scheiben)
einige Scheiben Ingwer
je 1–2 Streifen unbehandelte
Zitronen- und Orangenschale
Chilisalz (aus dem Gewürzladen)
2 EL Öl
1 EL Butter

Schuhbeck
empfiehlt:

>> Falls Sie zu viel Gemüse vorbereitet haben, können Sie es in einer
Pfanne andünsten und ebenfalls zur Sauce geben. Wenn Sie kein Chili-
salz vorrätig haben, geben Sie normales Salz und etwas klein geschnit-
tene Chilischote oder Chilipulver in die Sauce.
Für Spieße mit Wildfleisch sollten Sie die Sauce mit Lorbeerblättern,
Gewürznelken und Piment aromatisieren. <<

Das Fleisch abwechselnd mit Tomaten, Zwiebel, Paprika und Zucchino auf Spieße stecken, mit Tomaten abschließen.

Für die Sauce Puderzucker in einem Topf karamellisieren. Das Tomatenmark darin andünsten, mit Wein ablöschen.

Sirupartig einkochen lassen, bis der Alkohol verkocht ist. Die Stärke mit etwas kaltem Wasser glatt rühren.

Etwas Brühe zur Sauce geben und die Stärke gut unterrühren. Die Sauce aufkochen lassen und dabei gründlich rühren.

Lorbeerblätter, Rosmarin, Knoblauch, Ingwer, Zitronen- und Orangenschale dazugeben. Mit Chilisalz würzen.

Sauce einige Minuten sanft köcheln lassen. Inzwischen die Filetspieße im Öl in einer Pfanne unter Wenden rundum braten.

Die Spieße in die Sauce geben und den Bratensatz mit etwas Brühe ablöschen. Bratenfond zur Sauce geben.

Einen Deckel so aufsetzen, dass noch ein Spalt offen bleibt und die Spieße in der Sauce 3 bis 4 Min. sanft schmoren.

Die ganzen Gewürze aus der Sauce entfernen. Die Butter unterrühren und die Sauce, falls nötig, mit Salz abschmecken. Noch etwas einköcheln lassen. Die Spieße auf Tellern anrichten und die Sauce darüberträufeln.

RAHMSPINAT & MANGOLD

ZUTATEN (4 PERSONEN)

Für den Rahmspinat:

800 g Blattspinat

ca. 150 ml Gemüsebrühe

200 g Sahne · 5 Scheiben Knoblauch

2 Scheiben Ingwer

Saft und Schale von ¼ unbehandelten

Zitrone · frisch geriebene Muskatnuss

je 2 EL Butter und braune Butter

(siehe S. 15) · Chilipulver

1 EL Mandelblättchen

Für den Mangold:

4 Blätter Mangold · Salz

1 TL Puderzucker

1–2 EL Schalottenwürfel

3–5 Sardellenfilets · 1 EL Kapern

5 Scheiben Knoblauch

1 ausgekratzte Vanilleschote

ca. 100 ml Gemüsebrühe

2 EL Tomatenwürfel

1 EL Granatapfelkerne · Butter

Olivenöl · Chilipulver

frisch geriebene Muskatnuss

Schuhbeck *empfiehlt:*

» Mangold passt zu Fisch, Kalbfleisch und Geflügel. Durch das Abschrecken in Eiswasser wird der Garprozess beim Blanchieren unterbrochen, und hitzeempfindliche Vitamine werden geschont. Rahmspinat sollte nicht warm gehalten, sondern möglichst frisch verzehrt werden. So hat er eine kräftige grüne Farbe und schmeckt am besten. Der Spinat bekommt eine besondere Note, wenn er mit frisch gehobeltem weißem Trüffel oder ein paar Tropfen Trüffelöl verfeinert wird. «

Rahmspinat

Den Spinat verlesen, waschen und grobe Stiele entfernen. Die Brühe in eine heiße tiefe Pfanne gießen.

Etwa die Hälfte vom Spinat in der Brühe kurz zusammenfallen lassen. Die Sahne angießen und nur kurz köcheln lassen.

Spinat, Brühe und Sahne in einen Rührbecher geben und mit dem Stabmixer pürieren, wieder in die Pfanne gießen.

Die restlichen ganzen Spinatblätter hinzufügen. Den Knoblauch, den Ingwer und den Zitronensaft hinzufügen.

Je etwas Zitronenschale und Muskatnuss darüberreiben. Butter und braune Butter hinzufügen, mit Chilipulver würzen.

Die Mandeln in einer beschichteten Pfanne ohne Fett anrösten und kurz vor dem Servieren über den Rahmspinat streuen.

Mangold

Den Mangold waschen. Die Stiele aus den Blättern schneiden, putzen und in Streifen schneiden. Die Blätter und die Stiele getrennt in siedendem Salzwasser etwa 2 und 3 Min. blanchieren.

Herausnehmen und in Eiswasser abschrecken. Die Blätter in mundgerechte Stücke zupfen und ausdrücken. Stiele in einer Pfanne im Puderzucker andünsten, Schalotte dazugeben und Mangoldblätter unterrühren.

Sardellen klein schneiden, mit den Kapern dazugeben. Knoblauch, Vanille und Brühe hinzufügen. Tomate, Granatapfelkerne, Butter und Öl unterrühren. Den Mangold mit Salz, Chili und Muskatnuss würzen.

SAUERBRATEN

ZUTATEN (4 PERSONEN)

1 ½ kg flache Rinderschulter
(Schaufelbug)

ca. 650 ml kräftiger Rotwein

80 ml Rotweinessig · 1–2 EL Öl

2 Zwiebeln · 100 g Knollensellerie

1 Karotte · 1 EL Puderzucker

1–2 EL Tomatenmark

¼ l Geflügelbrühe

1 Stück Brotrinde (klein geschnitten)

1–2 Lorbeerblätter

1 Knoblauchzehe (in Scheiben)

2 Scheiben Ingwer

1 ausgekratzte Vanilleschote

½ Zimtrinde

1 TL Wacholderbeeren

je ½ TL Piment- und
schwarze Pfefferkörner

1 getrocknete Chilischote

1–2 EL gelbe Senfkörner

1 TL Korianderkörner

1 EL Speisestärke

Salz · Pfeffer aus der Mühle

Schuhbeck
empfiehlt:

» Sauerbraten wird herkömmlich ohne Wein, nur in Wasser und Essig eingelegt. Besser schmeckt er aber, wenn man statt Wasser Rotwein und dafür weniger Essig verwendet. Statt Brotrinde können auch 20 g Saucenlebkuchen, 50 g Rosinen und ¼ geschälter Apfel in Stücken mitgeschmort werden. Die Sauce können Sie noch mit 1 Stückchen Butter und 3 bis 4 EL Sahne verfeinern. Sollte während des langen Garens Flüssigkeit verdunsten, gießen Sie immer wieder etwas Geflügelbrühe auf. «

Das Fleisch 4 bis 5 Tage in Wein und Essig marinieren. Herausnehmen und trocken tupfen. Marinade beiseitestellen.

Die Rinderschulter in einer Pfanne im Öl auf beiden Seiten anbraten. Das Gemüse schälen und in Würfel schneiden.

Puderzucker in einen Topf stäuben und hell karamellisieren. Das Gemüse dazugeben und etwas anbraten.

Das Tomatenmark hinzufügen und unter Rühren anrösten. Die Rotweinmarinade dazugießen. Das Fleisch hineinlegen.

Den Bratensatz aus der Pfanne mit etwas Brühe ablöschen und ebenfalls dazugeben. Das Fleisch sollte fast bedeckt sein.

Einen Deckel so auflegen, dass noch ein Spalt offen bleibt, und das Fleisch 2 1/2 Std. knapp unter dem Siedepunkt garen.

Nach 2 Std. das Brot sowie Lorbeerblätter, Knoblauch, Ingwer, Vanille und Zimt dazugeben. Wacholderbeeren, Piment- und Pfefferkörner, Chilischote, Senf- sowie Korianderkörner in einer Pfanne ohne Fett anrösten. Gewürze ebenfalls dazugeben und 30 Min. ziehen lassen.

Das Fleisch aus der Sauce nehmen. Die Sauce durch ein Sieb in einen Topf gießen. Die Stärke mit etwas Wasser glatt rühren und die Sauce damit binden. Einmal aufkochen lassen. Sauce mit Salz und Pfeffer würzen.

Das Fleisch in Scheiben schneiden und mit der Sauce auf Tellern anrichten. Zum Sauerbraten passen Kartoffeln, Püree, Spätzle ebenso wie Kartoffelknödel. Das Gemüse kann püriert oder in Stücken dazu serviert werden.

SELLERIEPÜREE &
KÜRBISPÜREE

ZUTATEN (4 PERSONEN)

Für das Selleriepüree:

350 g Knollensellerie

100 g Sahne

Salz

50 g braune Butter (siehe S. 15)

frisch geriebene Muskatnuss

Für das Kürbispüree:

1 kg Muskatkürbis

1 Knoblauchzehe (geschält und
halbiert)

je 1 Streifen unbehandelte Zitronen-
und Orangenschale

2 Scheiben Ingwer

2 Thymianzweige

Salz · 70 g Sahne

½ TL Currypulver

1–2 EL braune Butter (siehe S. 15)

Schuhbeck
empfiehlt:

>> Das Selleriepüree passt zu Ente, Gans, Rinderschmorbraten und
gekochtem Rindfleisch und kann auch mit fertigem Kartoffelpüree
gemischt werden. Falls Sie den Sellerie vorbereiten wollen, sollten Sie
ihn in mit Zitronensaft versehenes Wasser legen, dann wird er nicht
braun. Statt der braunen Butter können Sie auch Nuss-, Oliven- oder
Arganöl unter das Püree rühren.
Kürbispüree passt ausgezeichnet zu Fisch. <<

Selleriepüree

1 Sellerie putzen, schälen und würfeln. Sahne mit Salz würzen, erhitzen und den Sellerie darin zugedeckt 20 Min. weich garen.

2 Den Sellerie mit dem Kochsud in einen hohen Rührbecher geben und mit dem Stabmixer nicht zu fein pürieren.

3 Die braune Butter unterrühren. Das Selleriepüree mit Salz, Muskatnuss und nach Belieben Chilipulver abschmecken.

Kürbispüree

1 Den Backofen auf 200 °C vorheizen. Den Kürbis vierteln, entkernen, schälen und in 2 cm große Würfel schneiden.

2 Die Kürbiswürfel in eine ofenfeste Form geben. Die ganzen Gewürze dazugeben und mit etwas Salz würzen.

3 Die Form mit Alufolie verschließen und den Kürbis im Ofen auf der mittleren Schiene etwa 1 Std. weich garen.

4 Kürbis aus dem Ofen nehmen, ganze Gewürze entfernen. Kürbisfruchtfleisch in ein mit einem Küchentuch ausgelegtes Sieb geben.

5 Kürbis kräftig ausdrücken, sodass er auf die Hälfte seines Volumens reduziert wird. Kürbisfleisch im Küchenmixer pürieren.

6 Sahne und Curry in einem Topf erhitzen und das Kürbispüree unterrühren. Braune Butter hinzufügen, das Püree salzen.

GEFÜLLTE RINDERROULADE

ZUTATEN (4 PERSONEN)

4 dünne Scheiben Rindfleisch
(à ca. 160 g; aus der Oberschale)
150 g Kalbsbrät (vom Metzger)
1 TL scharfer Senf
2 EL Sahne · Chilipulver
2 Karotten · 170 g Knollensellerie
1 Gewürzgurke
1 Scheibe gekochter Schinken
(ca. 1 cm dick) · 1 EL Öl
1 Zwiebel
1 TL Puderzucker
1–2 EL Tomatenmark
150 ml Rotwein
ca. ½ l Geflügelbrühe
je 5 Wacholderbeeren und Piment–
körner
1–2 Lorbeerblätter
1 getrocknete Chilischote (zerkleinert)
½ Knoblauchzehe (geschält)
2 Scheiben Ingwer
1–2 EL Speisestärke
Salz · Pfeffer aus der Mühle

Schuhbeck
empfiehlt:

» Sie können das Fleisch entweder selbst plattieren (siehe S. 85) oder vom Metzger plattieren lassen. Die klassische Variante der Rouladen kennt jeder: Rouladen mit Senf bestreichen und mit Gurke, Zwiebel und Speck belegen. Probieren Sie einmal meine Variante.
Um zu testen, ob die Sauce die richtige Konsistenz hat, geben Sie 1 EL davon auf einen Teller. Wenn die Sauce sich beim Schwenken des Tellers nur leicht bewegt und nicht davonrinnt, ist sie perfekt. «

1 Das Fleisch auf der Arbeitsfläche auslegen. Das Kalbsbrät mit Senf und Sahne verrühren, mit 1 Prise Chilipulver würzen.

2 Das Brät auf die Rouladen streichen. 1 Karotte und 50 g Sellerie schälen. Wie die Gurke und den Schinken in Stifte schneiden.

3 Quer auf das Fleisch verteilen. Die Seiten etwas einschlagen. Das Fleisch der Länge nach aufrollen. Mit Nadeln feststecken.

4 Das Öl in einer Pfanne erhitzen und die Rouladen darin rundum anbraten.

5 Zwiebel und restliche Karotte und Sellerie schälen, in ½ cm große Würfel schneiden. Puderzucker in einen Topf stäuben

6 Hell karamellisieren. Das Gemüse darin ohne Fett anbraten. Das Tomatenmark unterrühren und etwas mitrösten.

7 Mit Wein ablöschen und 4 bis 5 Min. sämig einköcheln lassen. Mit der Brühe auffüllen. Den Bratensatz der Rouladen mit etwas Brühe ablöschen und dazugießen. Die Rouladen darin zugedeckt 2 bis 2½ Std. weich schmoren. Nur simmern, nicht kochen lassen.

8 Nach 40 Min. Wacholderbeeren und Pimentkörner sowie die Lorbeerblätter, Chili, Knoblauch und den Ingwer hinzufügen. Die Rouladen herausnehmen. Die Sauce durch ein Sieb passieren, dabei das Gemüse etwas ausdrücken.

9 Die Stärke mit Wasser glatt rühren. Unter die Sauce rühren und einmal aufkochen lassen. Mit Salz und Pfeffer würzen. Die Rouladen in der Sauce nochmals erhitzen. Die Nadeln entfernen und die Rouladen in Scheiben schneiden. Mit der Sauce anrichten.

ORANGEN FILETIEREN &
ORANGENSALAT

ZUTATEN

Zum Filetieren:
4 Orangen

Für den Salat (4 Personen):
Fruchtfilets von 4 Orangen
2 cl Orangenlikör
(z.B. Grand Marnier)
Kardamomsamen aus der Mühle
1 TL rosa Pfefferbeeren
1 Stück langer Pfeffer
1 ausgekratzte Vanilleschote
1 EL Pistazienkerne
5 Minzeblätter
einige Spritzer Olivenöl
Fleur de Sel

Schuhbeck
empfiehlt:

» Die Vanilleschote können Sie nach dem Ziehen im Salat wieder-
verwenden: Einfach herausnehmen, kurz waschen und z.B. Zucker in
einem verschließbaren Glas damit aromatisieren. Langer Pfeffer wird
als Ersatz für schwarzen Pfeffer verwendet. Er ist teurer als dieser und
schärfer. Deshalb sollte er vorsichtig dosiert werden. Fleur de Sel ist
ein Naturprodukt, das in Salzgärten aus Meerwasser gewonnen wird. «

Orangen filetieren

1

Die Orange auf dem Schneidebrett mit der Hand hin und her
rollen. Die Enden mit dem Sägemesser gerade abschneiden.

2

Orange mit einer Schnittfläche
nach unten auf das Brett stellen
und die Schale mit dem Messer
in breiten Streifen abschneiden.

3

Dabei darauf achten, dass auch
die weiße Haut mitentfernt
wird. Die Fruchtfilets aus den
Trennhäuten schneiden.

Orangensalat

1

Die Orangenfilets in eine Schüssel geben und mit den Händen
den Saft aus den Orangen-
resten in die Schüssel drücken.

2

Den Likör dazugießen und die
Filets mit Kardamom aus der
Mühle würzen. Mit Pfefferbeeren bestreuen und etwas langen Pfeffer darüberreiben.

3

Vanille und Pistazien hinzufü-
gen. Den Orangensalat mit
Minze garnieren und etwas
Olivenöl darübergießen, leicht
mit Fleur de Sel würzen. Den
Salat 5 Min. ziehen lassen.

> ## Orangen-Variationen

Sie können die Orangenfilets auch unter Joghurt oder Quark
heben und z. B. zum Frühstück servieren.
Orangenfilets passen auch sehr gut
– in Blattsalate zu Barbarie-Ente, Fasan oder Wild,
– in Obstsalate,
– mit Orangensauce gemischt als Kompott,
– in Früchtequark,
– in Eisbecher oder zu Schokomousse,
– zu Parfaits und Cremes.

GLÜHWEINBIRNEN & DUNKLE SCHOKOMOUSSE

ZUTATEN (4 PERSONEN)

Für die Glühweinbirnen:

4 reife feste Birnen

1 EL Puderzucker

100 ml Portwein

$\frac{1}{4}$ l kräftiger Rotwein

$\frac{1}{4}$ l Schwarzer Johannisbeersaft

100 g Zucker

1 aufgeschlitzte Vanilleschote

$\frac{1}{2}$ Zimtrinde

1 Gewürznelke

1 Scheibe Ingwer

2 dünne Streifen unbehandelte Orangenschale

1 geh. EL Speisestärke

4 cl Cassislikör

Für die Schokomousse:

180 g Zartbitterkuvertüre

1 kleines Ei · 1 Eigelb

1–2 TL Rum · 1–2 TL Weinbrand

400 g Sahne

Schuhbeck empfiehlt:

>> Die Birnen brauchen je nach Reifegrad unterschiedlich lange, um in dem Rotweinsud leicht weich zu ziehen.
Sie können die Mousse auch mit 50 g Vollmilchkuvertüre und 130 g Zartbitterkuvertüre herstellen. Der Rum kann durch Birnengeist ersetzt werden. Wenn Sie die Mousse etwas fester möchten, lösen Sie 2 eingeweichte Blätter Gelatine im warmen Birnengeist auf, bevor Sie ihn unter die Schokomasse rühren. <<

Glühweinbirnen

Am Vortag die Birnen halbieren, schälen und die Kerngehäuse – am besten mit einem Kugelausstecher – entfernen.

Den Puderzucker in einem Topf karamellisieren und mit Port- und Rotwein ablöschen.

Den Saft und den Zucker unterrühren. Die ganzen Gewürze und Zitrusschalen hinzufügen und den Sud aufkochen lassen.

Die Birnenhälften dazugeben und in dem Sud knapp unter dem Siedepunkt 10 bis 15 Min. nicht zu weich ziehen lassen.

Birnen herausnehmen. Stärke mit Wasser glatt rühren. Sud aufkochen, Stärke einrühren und etwa 2 Min. kochen lassen.

Durch ein Sieb gießen, Likör hinzufügen und Birnen dazugeben. Den Weinsud mit 1 Blatt Backpapier bedecken und die Birnen 1 Tag ziehen lassen.

Schokomousse

Die Kuvertüre grob hacken und in einer Metallschüssel im heißen Wasserbad unter Rühren schmelzen lassen.

Ei und Eigelb in einer Schüssel im heißen Wasserbad schaumig schlagen. Kuvertüre, dann Rum und Weinbrand unterrühren.

Masse lauwarm abkühlen lassen. Sahne halbsteif schlagen und unterheben. Die Mousse in eine Schüssel füllen und zugedeckt 2 Std. kühl stellen.

TOPFEN-APRIKOSEN-CREME

ZUTATEN (4 PERSONEN)

400 g Aprikosen

3 EL Zucker

Zitronensaft

3 EL Weißwein

1 rote Chilischote

2 Zimtrinden

1 ausgekratzte Vanilleschote

5 Wacholderbeeren

2 ½ Blatt weiße Gelatine

2 EL Aprikosenlikör

200 g Quark

150 g geschlagene Sahne

Schuhbeck
empfiehlt:

» Sie können den Aprikosenröster natürlich auch als Dessert servieren. Dann mischen Sie am besten kurz vor dem Anrichten frische Erdbeerstücke und Himbeeren darunter.
Wer es gerne etwas knackiger mag, kann noch kleine Aprikosenstücke vor dem Portionieren unter die Topfencreme rühren. «

1 Backofen auf 180 °C vorheizen. Die Aprikosen waschen, trocken tupfen, vierteln und entsteinen. In einer Auflaufform verteilen.

2 Zucker, Zitronensaft und Wein zu den Aprikosen geben. Chili längs halbieren, entkernen, waschen und klein schneiden.

3 Zimt, Vanille, Wacholderbeeren und Chili zu den Früchten geben und den Aprikosenröster im Ofen etwa 20 Min. weich garen.

4 Die ganzen Gewürze aus dem Röster entfernen. Die Aprikosen in einem hohen Rührbecher mit dem Stabmixer pürieren.

5 Das Aprikosenpüree durch ein Sieb streichen, sodass keine Schalen mehr im Mark sind.

6 Die Gelatine in einer Schüssel in kaltem Wasser einweichen.

7 Einen kleinen Topf auf dem Herd erhitzen. Die Gelatine ausdrücken und in den Topf geben. Mit dem Aprikosenlikör ablöschen und die Gelatine unter Rühren darin auflösen.

8 Das Aprikosenpüree unter die Gelatinemischung rühren. Den Quark und den Saft von 1/2 Zitrone in eine Schüssel geben und die Aprikosenmischung unterrühren. Zuletzt die geschlagene Sahne unterheben.

9 Die Creme in Dessertgläser oder Portionsschälchen füllen und 1 Std. kühl stellen. Nach Belieben mit Aprikosenspalten, Granatapfelkernen und Minzeblättchen anrichten.

Salzburger Nockerln

Zutaten (4–6 Personen)

Butter für die Form

6 Eiweiß

40 g Zucker

Salz

4 Eigelb

3 EL Mehl

150–200 g Preiselbeeren

(aus dem Glas)

Puderzucker zum Bestäuben

Schuhbeck empfiehlt:

» Damit der Eischnee schön steif wird, sollten Sie unbedingt darauf achten, gründlich gereinigte und fettfreie Geräte wie z. B. Rührschüssel oder Quirle zu verwenden.

Das Eiweiß muss außerdem sehr sauber vom Eigelb getrennt werden, denn das im Eidotter enthaltene Fett verhindert, dass sich das Eiweiß zu Schnee schlagen lässt. «

1 Den Backofen auf 200 °C vorheizen. Eine mittelgroße Auflaufform mit Butter einfetten. Eiweiße in eine Schüssel geben.

2 Mit dem Zucker und ˙ Prise Salz mit den Quirlen des Handrührgeräts cremig steif schlagen, der Eischnee sollte glänzen.

3 Die Eigelbe hinzufügen und locker mit dem Teigschaber oder einem Kochlöffel unter den Eischnee heben.

4 Das Mehl auf die Masse sieben und ebenfalls unterheben, bis eine luftige, homogene Masse entsteht.

5 Die Preiselbeeren in der Auflaufform verteilen. Die Eischneemasse mit einer Teigkarte in 3 Portionen nebeneinander in die Form setzen und jeweils Spitzen ziehen.

6 Die Nockerln im Ofen auf der mittleren Schiene 18 bis 20 Min. backen. Herausnehmen, durch ein Sieb mit Puderzucker bestäuben und sofort servieren. Die Salzburger Nockerln sollten innen noch etwas cremig sein.

> ## Nockerln-Variationen

Ganz nach Geschmack lässt sich die Nockerlmasse auch noch mit 1 bis 2 TL Vanillezucker aromatisieren.
Statt der Preiselbeeren können Sie natürlich auch andere Obstsorten der Saison als »Unterlage« verwenden, z. B. Pfirsich- oder Aprikosenspalten, entsteinte Kirschen, Birnenstücke oder auch kleine Erdbeeren.
Sie können die Früchte auch als Kompott oder Sauce getrennt zu den Nockerln reichen.

DAMPFNUDELN

ZUTATEN (4 PERSONEN)

½ l Milch

25 g Hefe (zerbröckelt)

50 g Zucker

500 g Mehl

2 Eier

Salz

80 g weiche Butter

Mehl für die Arbeitsfläche

je 30 g Butter und Butterschmalz

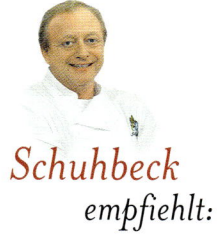

Schuhbeck
empfiehlt:

» Sollte die Kruste nicht dunkel genug sein, kann man die Dampf-nudeln auf dem Herd noch etwas nachbacken. Dazu passt eine Vanille-sauce: Dafür das Mark von 2 Vanilleschoten herauskratzen und mit den Schoten sowie 400 ml Milch, 400 g Sahne und 4 EL Zucker in einem Topf aufkochen lassen. 6 Eigelb, 4 Eier und 4 EL Zucker im heißen Was-serbad schaumig schlagen. Nach und nach die heiße Vanillemilch unter Rühren zu der Eiermasse geben und erhitzen. Durch ein Sieb gießen und lauwarm servieren. Probieren Sie auch mal gedünstete Äpfel dazu. «

1 Für den Vorteig die Hälfte der Milch erwärmen. Topf vom Herd nehmen, die Hefe in der Milch auflösen. 2 TL Zucker zufügen.

2 Mehl in eine Schüssel geben und eine kleine Mulde in die Mitte drücken. Hefemilch hineingießen, mit etwas Mehl verrühren.

3 Die Schüssel mit Frischhaltefolie bedecken und den Vorteig an einem warmen Ort etwa 15 Min. gehen lassen.

4 Die Eier verquirlen und mit 20 g Zucker und 1 Prise Salz unter den Vorteig rühren. Die weiche Butter hinzufügen.

5 Mit den Knethaken des Handrührgeräts so lange kneten, bis ein glatter, elastischer Teig entstanden ist.

6 Den Hefeteig zugedeckt nochmals etwa 45 Min. gehen lassen, bis sich sein Volumen etwa verdoppelt hat.

7 Den Backofen auf 180 °C vorheizen. Den Teig mit den Händen auf der leicht bemehlten Arbeitsfläche kräftig durchkneten. Zu 4 bis 5 cm dicken Rollen formen und in gleichmäßige Stücke à etwa 5 cm schneiden. Jedes Teigstück zu einer glatten Kugel rollen.

8 Restliche Milch in einem flachen ofenfesten Topf (30 cm Ø) mit dem restlichen Zucker erwärmen. Butter und Butterschmalz darin schmelzen lassen, den Topf vom Herd nehmen. Teigkugeln mit der Nahtseite nach unten hineinsetzen und zugedeckt erneut 20 Min. gehen lassen.

9 Den Topf auf den Herd stellen und die Dampfnudeln bei milder Hitze 8 bis 10 Min. garen. Den Topf zugedeckt auf das Gitter in den Ofen stellen. Die Dampfnudeln etwa 35 Min. backen. Den Topf zwischendurch nicht öffnen, damit die Dampfnudeln schön luftig werden.

Apfelstrudel

Zutaten (2 Strudel)

300 g Mehl

Salz · 4 EL Öl

1 Eigelb

8 Äpfel (z. B. Boskop oder Braeburn)

100 g Weißbrotbrösel

60 g Zucker

½–1 TL Zimtpulver

70 g Mandelblättchen (geröstet)

60 g Rumrosinen

Saft von 1 Zitrone

Mehl zum Verarbeiten

40 g flüssige Butter zum Bestreichen
und für die Form

Puderzucker zum Bestäuben

Schuhbeck empfiehlt:

» Sie können natürlich auch fertigen Strudelteig aus dem Kühlregal verwenden. Dafür 2 Teigblätter (à 30 x 30 cm) sofort nach dem Öffnen mit flüssiger Butter bestreichen und leicht überlappend nebeneinanderlegen. Statt Rumrosinen können Sie auch Rosinen verwenden, die in Grappa oder Orangenlikör eingelegt wurden. Für einen Rahmstrudel verrühren Sie 150 ml Milch mit 1 EL Zucker und gießen die Zuckermilch über die Strudel. «

1 Das Mehl in eine Schüssel sieben, 1 Msp. Salz daraufstreuen und in die Mitte eine Mulde drücken.

2 In die Mulde 3 EL Öl, 150 ml lauwarmes Wasser und das Eigelb geben und alle Zutaten zu einem glatten Teig verkneten.

3 Teig halbieren, zu Kugeln formen, mit Öl bestreichen und in Frischhaltefolie wickeln. Bei Zimmertemperatur 2 Std. ruhen lassen.

4 Den Backofen auf 200 °C vorheizen. Die Äpfel schälen, vierteln, die Kerngehäuse entfernen und die Äpfel in Stücke schneiden.

5 Brösel, Zucker und Zimt anrösten. In einer Schüssel mit Äpfeln, Mandeln, Rumrosinen und Zitronensaft mischen.

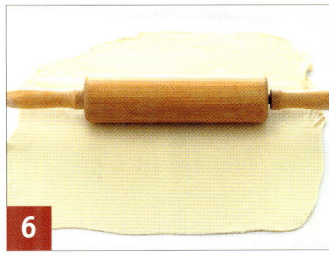

6 Einen Strudelteig mit Mehl bestäuben und mit einem Nudelholz auf einem großen bemehlten Tuch (50 x 50 cm) ausrollen.

7 Den Teig vorsichtig über die Handrücken hauchdünn ausziehen und mit flüssiger Butter bestreichen. Die Hälfte der Füllung in einem breiten Streifen auf die Längsseite verteilen, dabei einen 5 cm breiten Rand lassen.

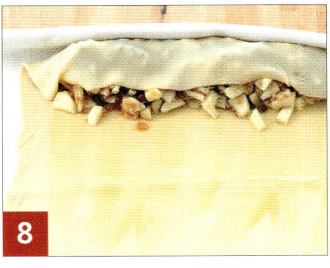

8 Den Strudel mithilfe des Tuchs aufrollen, die Teigenden nach unten einklappen. Den Strudel mit der Naht nach unten in eine eingefettete tiefe Form legen. Den zweiten Strudel ebenso herstellen.

9 Beide Apfelstrudel mit flüssiger Butter bestreichen und im Ofen auf der mittleren Schiene etwa 20 Min. hell backen. Die Strudel etwas abkühlen lassen und vor dem Servieren durch ein Sieb mit Puderzucker bestäuben.

REGISTER

Bildnachweis

Foodfotos, Stepfotos und Auf-
macherfotos: Andrea Kramp-
Gölling und Bernd Gölling

Umschlagfotos:
Porträtfoto: Dr. Kai-Uwe Nielsen
Food- und Stepfotos:
Andrea Kramp-Gölling und
Bernd Gölling

S. 4 oben, unten links und Mitte:
Alexander Haselhoff
S. 4 unten rechts: Helmut Henken-
siefken
S. 5: Alexander Haselhoff
S. 8: StockFood/Harry Bischof
S. 9 links: StockFood/Alain Caste
S. 9 rechts: StockFood/Foodphoto-
graphy Eising
S. 12 links: StockFood/Food-
collection
S. 10–13: Walter Cimbal

Unsere Highlights…

In dem umfassenden Standardwerk »Meine bayerische Küche« von
Alfons Schuhbeck finden Sie altbewährte Klassiker neu interpretiert –
von der Sülze vom bayerischen Gockel über Krustenbraten bis hin
zum Geeisten vom Kaffee.

In dem ersten Band »Schuhbecks Kochschule« führt Alfons Schuhbeck
in seine Kochkunst ein. Mit vielen Step-by-Step-Fotos und detaillier-
ten Rezeptbeschreibungen werden Grundtechniken wie Spiegeleier
braten oder Wiener Schnitzel panieren anschaulich erklärt.